新时空

硅碳融合的产业革命

王东升 著

The New Spacetime

An Industrial Revolution on Silicon-Carbon Convergence

当代中国出版社
Contemporary China Publishing House

图书在版编目(CIP)数据

新时空：硅碳融合的产业革命 / 王东升著 . -- 北京：当代中国出版社，2022.9

ISBN 978-7-5154-1185-9

Ⅰ . ①新… Ⅱ . ①王… Ⅲ . ①材料工业—产业发展—研究—中国 Ⅳ . ① F426

中国版本图书馆 CIP 数据核字(2022)第 095264 号

出 版 人 冀祥德
责任编辑 姜楷杰
责任校对 康 莹
印刷监制 刘艳平
封面设计 彭莉莉
出版发行 当代中国出版社
地 址 北京市地安门西大街旌勇里 8 号
网 址 http://www.ddzg.net
邮政编码 100009
编 辑 部 (010)66572264
市 场 部 (010)66572281 66572157
印 刷 北京中科印刷有限公司
开 本 787 毫米 × 1092 毫米 1/16
印 张 16.5 印张 3 插页 181 千字
版 次 2022 年 9 月第 1 版
印 次 2022 年 9 月第 1 次印刷
定 价 59.00 元

目 录

前　言 001

第一部分　产业发展的基本规律

第一章　三对关系 003

第一节　需求驱动的逻辑 004
第二节　从古到今的实证 008
第三节　从现在到未来 021

第二章　科技驱动力 026

第一节　发现、发明与触发 026
第二节　迭代与颠覆 037
第三节　发展的不平衡 045

第三章　弯曲的时空 050

第一节　物理学借喻 050
第二节　弯曲的实证 052
第三节　创造下一次弯曲 064

第二部分　未来产业发展的预见

第四章　硅基生命……069
第一节　概念和演进……069
第二节　进化的科技力量……078
第三节　发展的需求因素……109
第四节　未来趋势……117

第五章　碳基生命……126
第一节　概念与演进……126
第二节　驱动发展的核心科技……133
第三节　产业发展的社会动力……146
第四节　未来趋势……154

第六章　硅碳融合……161
第一节　概念与融合方式……161
第二节　融合的生命形态……163
第三节　融合的产业生态……172
第四节　未来趋势……179

第三部分　产业发展对人类社会未来影响

第七章　普惠的科技……185
第一节　新的不平衡……185
第二节　再平衡的机遇……190
第三节　从普适到普惠……193

第八章　可能的失控……197
第一节　没有边界的欲望……198
第二节　无知和傲慢……204
第三节　制度设计滞后……208

第九章　可控的未来……213
第一节　理性与智慧……213
第二节　制度与秩序……217
第三节　责任与行动……221

图表索引……229
参考文献……232
致　谢……247

阅读导图

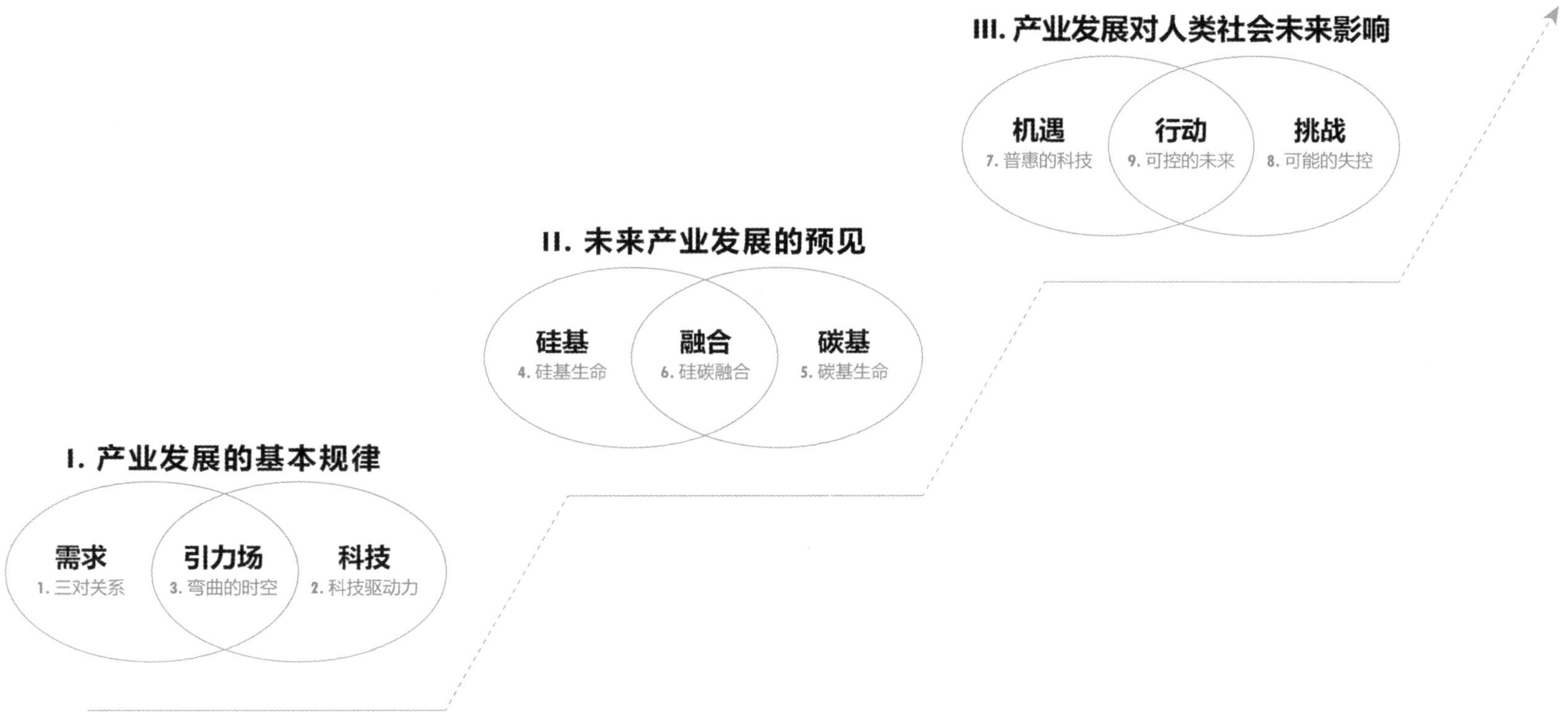
III. 产业发展对人类社会未来影响
机遇
7. 普惠的科技
行动
9. 可控的未来
挑战
8. 可能的失控
II. 未来产业发展的预见
硅基
4. 硅基生命
融合
6. 硅碳融合
碳基
5. 碳基生命
I. 产业发展的基本规律
需求
1. 三对关系
引力场
3. 弯曲的时空
科技
2. 科技驱动力

前　言

2006年开始，我的父母相继身患重病，我去医院的次数多了，亲身体会到看病难和看病贵问题，也看到人类现有医学水平对一些疾病的无奈。于是就思考：能否通过信息技术与医学的结合，重塑医疗的知识、技术和管理体系，让老百姓能够以较低费用享受高质量的健康医疗服务？我开始这方面的学习后发现，这不仅可行，而且国内外对此早已开始研究，在海外已有重大成果，是全球产业发展的新趋势。

面对全球这一趋势和新一轮产业革命的挑战，我深深感到京东方的产品和技术还是单一，不够丰富，经不起更大的风浪。2012年后，京东方显示屏业务跃居世界领先的趋势日益明显。但此时，我的担忧并没有因为这一良好趋势而减少。于是，我开始思考企业的新一轮转型：一方面在显示屏领域继续做深做透，夯实基础，不断丰富产品与技术，提升全球竞争力，成为全球领导者；另一方面，将积累的信息技术、光电和微电子技术，移植到新的应用领域，跨界融合，形成新的产品与技术能力，创造全球新典范。通过这样的转型，增强应对未来更多更大挑战的整体实力，实现受人尊敬的伟大企业目标。

2013年是京东方创立20周年，其显示屏业务的专利拥有量、毛利和市场占有率等指标已进入全球前三；与此同时，以人工智能和物联网应用为标志的第四次产业革命正扑面而来。在这一年，京东方提出了物联网转型战略，聚焦两个方向：一是进一步提升显示屏业务全球竞争力，软硬融合，丰富显示产品功能，使其成为万物互联时代各类应用场景的智慧端口；二是将显示屏业务发展所积累的光电和微电子技术与医学、生命科学跨界融合，发展智慧健康和医工业务。在集团管理层，大家对第一个方向基本上能理解，但对于第二个方向，很多人却不理解，觉得与原有业务相差太远了。

为了统一大家的思想，企业召开了多次由内外部专家参与的转型研讨会。我们从四个维度分析宏观趋势，即从“时间”（发展史和趋势）、“空间”（主要国家动态），研究“需求”和“技术”的变化。然后，结合全球趋势和企业实际，研究企业转型方向和策略。

基于多年创业实践的感悟，当时我的基本思考是：产业发展是由需求和科技这两个车轮驱动的。进入21世纪以后，人们的需求理念发生了重大变化，科技进步也明显加速，两者的共同作用，正推动着新一波产业革命的到来。

从需求端看，随着温饱问题的逐步解决，人们开始更加关注生活品质、健康和幸福。随着人们需求理念的变化，产生了日益多样化的个性需求，而在这些具体需求的背后，是人类的本质需求。日益丰富多彩的需求表现形式，从本质上，都可以归结为人与自然、人与人和人与自身这三个方面。随着社会的进步，人们对改善这三对关系相关问题的诉求也更高更丰富。

从科技端看，有三组科学技术正成为产业发展的新引擎。首先是人工智能，随着移动互联网出现，人工智能迎来大规模应用热潮。其次是生命科技，随着信息技术与基因工程、细胞工程的结合，基因测序服务和细胞相关产品成本大大下降，已到了大规模应用的前夜；同时，生命科技与信息通信以及人工智能的跨界融合，正改变着人类健康和医疗相关领域生产和服务模式。最后是纳米技术，其进步大大加快了人类从宏观制造到微观制造的发展变革；同时，也促进人工智能相关产业（如集成电路）、生命科技相关产业（如药品）的进步。

作为显示行业资深人士，我也发现，显示产业所积累的光电子、微电子和智能制造等技术，同样可以跨界用于生命科技，例如，部分光电子技术，可用于医用 **X** 光检测设备关键部件的生产；部分微电子工艺，可用于基因测序芯片制造和改进细胞工程产品生产；部分智能制造技术，可用于远程医疗服务、数字人体等领域。

人类在前三次产业革命，借助科技创造的外部设备，极大地增强了体能和智力，进而改善了人与自然、人与人和人与自身这三对关系。在第四次产业革命，人类一方面将继续利用科技创造和完善外部设备，形成一个个硅基生命系统，获得更强的体能和智力；另一方面将通过人工智能、生命科技和纳米技术的融合创新，让人的自身智能[1]和生命力更强大，实现人类自身的进化。这些变化将推动人类三对关系在更高层级时空中演进。

这一系列思考，给我打开了一扇窗户，我仿佛看到了未来科技改变世界的新图景。京东方要成为一家受人尊敬的伟大企业，必须抓住这一历史性机遇。

在一次重要的研讨会上，我阐述了以上思考的逻辑：产业发

1　智能是人类智力与能力的总称。详见本书第四章第二节“人工智能和人类智能”部分。

展是由需求和科技驱动的。人们需求尽管丰富多样，但从本质上看，可提炼概括为人与自然、人与人和人与自身三个方面。第一、第二次产业革命的特点，主要是通过解决人与自然方面的需求问题，带动人与人、人与自身相关需求的满足。第三次产业革命的特点，主要是通过解决人与人交流和知识分享方面的需求问题，带动人与自然、人与自身相关需求问题的解决。第四次产业革命，人类将进入智能社会。这一次产业革命的特点，将主要通过解决人与自身相关需求的问题，带动人与自然、人与人更高层次相关需求问题的解决。科技促进产业进步，是通过科学发现、技术发明和工程化应用来实现的，而工程化应用促进各种技术的融合创新，反过来推动新技术的发明和新的科学发现。第四次产业革命期间，这种双向促进机制将更为明显。如果说半导体、计算机和通信技术触发了第三次产业革命，那么人工智能、生命科技和纳米技术则正在触发第四次产业革命。京东方如果能够将所积累的电子信息技术与相关行业知识相结合，提升技术复用度和丰富度，就可以创造新的企业价值，特别是将信息技术与生命科技相结合，发展智慧健康和医工事业，既可造福社会，又可推动自身高质量发展。

很多专家和同仁听了我的分享后，觉得有道理，但还是有困惑，希望我能把这些想法写出来，让更多人有更深入的分享和探讨。于是，就有了这个研究课题。但说起来相对容易，写出来却没那么简单。起初是从构思架构、提炼观点开始。由于我只能利用节假日时间写书，所以历时三年之久，才基本确定本书架构和核心观点。随后是调研论证。2016 年，京东方显示屏业务关键指标跃居世界第一已成定局，物联网转型战略也有了实质性进展，京东方在当年11月召开首届年度全球创新伙伴大会（BOE IPC 2016）。也是从那时开始，我在会见或拜访一些海内外专家和企业家时，会就本书将要阐明的一些观点向他们请教和讨论。他们中一些是著名科学家和学者，包括：加州大学伯克利分校（University of California, Berkeley, UCB）计算机科学教授斯图尔特·罗素（Stuart Russell），社会学教授克劳德·费舍尔（Claude Fischer），变革技术研究所沙什·布鲁斯瓦（Shashi Buluswar）教授；斯坦福大学（Stanford University）医疗基因学、发展生物学与计算机科学教授吉尔·本杰拉诺（Gill Bejerano），商学院行为心理学和社会学专家珍妮弗·阿克（Jennifer Aaker）教授；麻省理工学院（Massachusetts Institute of Technology, MIT）电气工程与计算机科学学院计算图形学和计算机视觉专家威廉·弗里曼（William Freeman）教授，机器学习算法专家蒂娜·卡塔博（Dina Katab）教授，计算生物学研究组组长曼诺里斯·凯利斯（Manolis Kellis）教授以及计算机科学与人工智能实验室（CSAIL）主任丹尼尔拉·罗斯（Daniela Rus）教授，合成神经生物学研究组组长爱德华·博登（Edward Boyden）；博德研究所（Broad Institute）创始人埃里克·兰德（Eric Lander）教授；《奇点临近》一书作者雷·库兹韦尔（Ray Kurzweil）；“IoT”（物联网）概念提出者凯文·艾什顿（Kevin Ashton）；美国著名品牌营销专家戴维·阿克（David Aaker），产业专家苏珊·艾琳格（Susan Etlinger）和莎琳·李（Charlene Li）等。通过广泛交流和讨论，我感到大家对未来方向性的判断是一致的，而且，他们中的不少人已在积极从事这些方面的工作，有的已取得显著成果。这让我增强了写这本书的信心。

2019年6月，我从京东方卸任，随后，开始了集成电路领域新的创业征途。而集成电路这个行业又恰恰是人工智能、生命科技和纳米技术这第四次产业革命三大触发点科技的产业基础，这几年的创业实践，更让我感受到这种趋势带来的变化，一些内容在本书里也有分享。

尽管与当初构思这本书时相比，现在的世界已发生了重大变化。特别是由于新冠疫情和大国博弈，经济全球化从以往的“以效率为中心”转向“效率和安全并重”。但全球产业发展趋势和逻辑与我当时判断的仍然一致，有些方面的发展甚至在加快。

由于日常工作实在繁忙，在断断续续地提笔和搁笔的过程中，历时七年，方才成书。

本书的框架结构分三部分，共九章。第一部分为一、二、三章，着重阐述产业发展的基本规律。第一章讲人类本质需求及其驱动产业发展的逻辑；第二章阐述科技驱动产业的逻辑和规律；第三章说明科技和产业发展不平衡和再平衡过程中，先发国和后发国之间的产业联动效应。第二部分为四、五、六章，着重阐述对未来产业发展的预见。说明第四次产业革命时代，硅基生命系统、碳基生命系统以及硅碳融合的产业发展趋势。第三部分为七、八、九章，着重阐述产业发展对人类社会未来影响。第七章讲“三大鸿沟”产生，如何消除鸿沟，普惠人类；第八章阐述科技可能带来的失控；第九章说明人类能以理性和智慧、制度与秩序、责任与行动防止科技的失控，未来是可控的。人类定能创造生生不息且美美与共的新时空。

本书写作的过程，也是学习思考和深入感悟的过程，越深入其中，看人类进步史上那一幕幕波澜壮阔的画面，就越感到我们人类祖先的伟大，以及我们这代人应担当使命的伟大！

写这本书，最初是为选择企业战略方向解疑释惑。但越深入思考，越觉得仅从单个企业角度，很难得出正确结论。只有将其置于人类产业发展整体进程中动态研究，才可能找到正确方向。由此我深感：一个企业家应该具有完整的产业观，善于从产业全局和发展趋势中找准企业业务定位和战略方向；企业家还应具有正确的社会观，自觉从推动人类社会文明进步出发，思考企业价值和应尽的社会责任；企业家还应该把产业观和社会观升华为哲学观，以哲学思考透过现象看本质，发现规律并指导企业实践，才能引领产业发展，推动社会进步。

为了增加可读性，本书章节标题未采用学术论文的形式，例如第一章讲的是需求驱动力，而标题是“三对关系”，希望读者能直接抓住关键词；书中举的一些例子，也尽可能选大众熟悉的内容。

由于我的知识结构局限性，本书一定存在诸多不足。希望能抛砖引玉，供志趣相投人士，一起思考和探索产业发展未来，造福中华，造福人类。

王东升

2022 年 4 月于北京

第一部分

产业发展的基本规律

第一章　三对关系

人类社会产业发展是由需求和科技双轮驱动的。科技发展水平决定相应需求状态，需求状态反映相应科技水平。科技进步引发需求升级，需求升级拉动科技进步，两者通过相互促进，共同作用，驱动产业发展。

需求，在经济学教科书上指的是消费者购买商品或服务的欲望和能力[1]；而企业经理们则会认为，需求就是客户的问题清单。从宏观层面，洞察和把握特定时期社会需求变化，对正确制订经济社会和产业发展政策，具有重大意义；在微观层面，洞察和挖掘客户需求，是企业经理们的首要能力。

从企业层面看，现实中经常会出现这样一些情况：明明看到客户有需求，但产品做出来后，需求却变了，没人买，或尽管有人买，却远达不到企业预期；有的尽管早早就看到需求趋势，产品也做出来了，还是卖不好，赚不了钱，而当你放弃了，一些后来者却赚到了大钱。要么过早了，要么过晚了，总是踩不到点。问题究竟出在哪里呢?

洞察需求，方法要对头。我认为，可将需求分为三个逻辑层次：客户的具体需求、社会各行业的需求趋势和人类的本质需求。观察分析其内在联系，人类本质需求影响社会各行业需求，社会各行业需求又影响其客户具体需求，反之亦然，三者相互影响，相互促进。但人们往往容易关注具体的、当下的，忽视趋势性的、规律性的变化，对人类本质需求的思考更是少之又少，这是导致上述情况发生的一个重要因素。

本章讨论人类本质需求表现形式及其驱动产业发展的逻辑。

第一节　需求驱动的逻辑

研究提炼人类本质需求的表现形式及其驱动产业发展逻辑，不是一件容易的事。1993 年京东方初创时，我就开始思考这一问题，但久思不得其解。有一天，当我看到梁漱溟先生关于人与自然、人与人、人与自身关系的哲学论述时[2]，豁然开朗：人类一切需求来源于其不断增加的对美好生活的向往，来源于解决自身生存和发展问题的需要。无论是人类个体还是人类整体，这种向往和需要的表现形式都可以归结到人与自然、人与人和人与自身这三个方面。人类社会的文明进步过程，本质上也是这三方面关系不断改善和提升的过程。

人们对美好生活的向往，激发了其对人与自然、人与人、人与自身三对关系相关问题的好奇心、想象力，以及学习探索的热情和解决问题的信念，促进了其知识的丰富、经验的积累和技术的进步，以及对新产品、新模式的发明创造，在改善应用场景和产业形态的同时，推动了社会文明进步。

从研究人类文明史和产业演进过程中，可以发现：人类在解决人与自然、人与人和人与自身这三对关系相关问题的过程中，积累了经验和知识，产生了相关的产业。人与自然的关系，是指人们认识、利用和改造自然，以及在自然界生存和发展的方式、方法及相关活动。人与人的关系，是指人与人交流、沟通和资源交换的方式、方法及相关活动。人与自身的关系，是指人们追求快乐健康，满足生理和心理需求的方式、方法及相关活动。可以说，人类产业的发展始终是与这三对关系紧密相关的。人类的需求均根源于这三对关系，其本质就是为了解决这三对关系的相关问题。我们常说问题就是机遇，就是指解决问题的需求，提供了机遇。而需求驱动产业，就是指人们解决问题的这种能动力，拉动了产业的发展。

我们可以从产业演进中，观察到需求驱动产业发展的逻辑。

首先，需求是相互关联的。人们先是从顺应自然到征服自然过程中，积累知识和技能，制造与改进工具，提升生产力，形成开发利用自然的相关产业；通过这些产业发展，为解决人与人、人与自身相关问题提供基础条件。在此过程中，人们通过劳动协作、经验与信息分享、食物和工具交换等活动，密切了人与人之间关系，扩大了人际交往的范围，改善了沟通交往与合作的工具方法，形成了人与人交往的相关产业；这些产业发展，又为解决人与自然、人与自身相关问题提供基础条件。伴随人们解决人与自然、人与人相关问题能力的提升，人们追求自身生理和心理需求的知识、经验、方法、技能和工具也随之丰富和提升，形成了与人类自身健康相关的产业；人类身心健康水平逐步改善，生命力更旺盛，生产力更强大，又进一步提升了解决人与自然、人与人相关问题的能力。可见，由解决这三对关系相关问题而产生的需求，具有密切的关联性，是相互依存、相互促进、相互转化的，是一个事物的三个维度。

其次，需求是不断升级的。产业的每次革命性进步，都会极大推动当时人类这三对关系相关问题的解决；在此基础上不断产生的新问题，会激发出人类更高级别的需求能量，成为进一步推动产业发展的驱动力。人们在认识自然、利用自然到改造自然过程中，改善了人与自然的关系，发展了人与人的关系，提升了人自身。人们先是利用自然资源获取食物和能量，再通过制作工具提升生存能力，满足初步生存需要。生存之后求发展，人们希望更好的衣食住行，更宽广的活动范围，更和谐的人际交往，更健康的生命状态，等等。新老问题的更替解决，推动人类需求的迭代升级。而不断涌现的新问题都有可能转化为更高级别的需求动能，进而促进产业的螺旋式升级。

从人的个体看，马斯洛需求层次理论揭示，人的需求像阶梯一样，从低到高，分为生理需求、安全需求、社交需求、尊重需求和自我实现需求[3]。这一点东西方思想家异曲同工。冯友兰先生把人生境界从低向高分别分为自然境界、功利境界、道德境界和天地境界[4]；而张世英先生则将其分为欲求境界、求知境界、道德境界和审美境界四种境界[5]。他们从不同角度，共同诠释了人的需求会随着社会进步和个人发展而不断递进的规律。

当然，需求升级同时间、空间因素密切相关。就企业而言，我们说时机（timing）对不对，就是指选择产业方向要踩准点，若过早市场没形成，若过晚则失去了先机。空间因素是指不同国家或行业，由于发展阶段和社会环境不同，产业导入时机也不同。

此外，需求是需要激发和创造的。对美好生活的向往，是人类的本能。随着社会发展、文明进步以及人类自身进化，人类需求的内涵在不断演进，满足需求的表现形式也在不断升级和丰富。从人与自然、人与人和人与自身三个维度看人类的需求，其中一些是显而易见、与生俱来的，比如，饿了要吃饭、渴了要喝水等等；另一些则是随着社会进步和文明发展，通过不断激发和创造，逐步丰富的。

对需求的激发和创造，要靠两种关键能力：一是市场培育能力；二是创新能力。在人类进入工业化以后，这两种关键能力更突出体现在国家的市场培育能力和企业的创新能力。

国家的市场培育能力主要体现为国家发展战略的引导，与之相配套的财政、金融、税收、投资、贸易和产业政策的支撑，以及文化教育、法律法规、基础设施和社会治理环境的保障。通过国家能力的提升和引导，将社会潜在需求转化为现实有规模的市场，这是需求推动产业发展的基础。这种国家能力是产业革命爆发的关键。

企业的创新能力主要包括应用创新和技术创新两个方面。应用创新主要是通过将已有技术与潜在需求结合，形成新的创意和产品服务形态，应用于更多更宽领域。技术创新，就是通过技术发明和工程化应用，创造出使用更便利、性价比更好的新产品和新服务，从而激发和创造品级更高、规模更大的市场需求。

需求的激发，经常是通过文化、艺术和科学知识的传播，通过广告和营销来实现的。从以前的茶叶、瓷器、丝绸、香料等，到后来的家用电器，直至现在的互联网等，都是通过这种传播，来激发人们的需求欲望，将潜在需求转化为现实需求，成为驱动产业发展的案例。

需求的创造，是通过技术和应用创新，创造出使用更便利、性价比更高和能耗更低的产品或服务形态，应用于原有场景，或植入新场景。通常随着一种新产品问世，原有场景一般会被改善甚至重塑。比如汽车替代马车，这是道路场景的升级；自动驾驶替代人工驾驶，这是交通场景的重塑；万物互联时代，则是各业态场景的重塑，等等。这里有三个关键衡量指标，性价比、便利性和能耗。如果新创造的产品或服务，性价比、便利性和能耗不如以往，就不能创造新的需求。满足一项，有可能产生一定需求；满足两项，可以创造新的大规模需求；三者都满足，则由其产生的新的规模化需求将是颠覆性的。

当然，找准方向踩对点，还要将需求和科技结合起来。这方面我们将在后面章节中讨论。

第二节　从古到今的实证

观察人类社会文明和产业发展过程，不难发现对上述思考的种种实证。

从茹毛饮血到刀耕火种

约 250 万年前，远古人类出现[6]。从生物学特性讲，远古人类与同时期其他哺乳动物，都由同样的基本单位——细胞组成，并且共享着同一套遗传物质基础[1]。远古人类从诸多生命形态中脱颖而出，得益于其自身进化的三个里程碑：创造工具、使用火种和发明语言。人类为了生存需要而产生的这三个进化标志，改善了人与自然的关系，进而发展了人与人的关系，改善了人与自身的关系，使人类拥有了超越其他生物的优势。

考古学证明，200 多万年前的远古人类，就已经能够利用自然

1　遗传物质基础，即脱氧核糖核酸（Deoxyribonucleic Acid, DNA），可通过生物的生殖行为遗传给后代。

界的石料制作石器，用于挖找昆虫与猎杀小动物[6]。随着制作和使用工具的技术演进，40 万年前的远古人类，从食物链中间位置一跃登上了食物链顶端，从昆虫到庞大的猛犸象（图 1-2-1）都成为他们的美餐[6]。人们利用自然能力的提升，也改变了人与人的关系。当时，男性狩猎、女性哺育后代的社会分工形式出现。随后，有血缘关系的人类渐渐形成氏族，人类社会的雏形也随之出现。工具的使用悄然改善了人与自身的关系，用双手掌握工具，迫使人类开始用双腿直立行走，双手更灵活的运动促使人类中枢神经系统进一步进化，人类自身智能和技能水平随之不断提升。

约 30 万年前，在与自然抗争中，远古人类学会了使用火作为武器，猎杀洞穴或陷阱里的动物[6]。由此，人类突破了先天身体

图 1-2-1　远古人类围猎猛犸象假想图
（图片来源：作者研究团队绘制）

条件限制，从一种弱小生物成为地球上最强大的动物之一。与此同时，火也成为远古人类可靠的热源和光源。在寒冷的夜晚，围绕火堆而聚集的男女老幼，形成了全新的社交环境和社交方式。人类还学会了用火烹饪，可以杀死大量食物中的病菌和寄生虫，从而减少感染性疾病的发生，大大延长了人类的寿命。烹饪后的食物更易咀嚼和消化，使人类的牙齿开始缩小、肠道逐渐缩短；消化系统负担的减轻促使了中枢神经系统的进化，大脑容量逐渐增加（图 1-2-2），大脑发育远超同时期的其他动物。60 公斤左右的哺乳动物平均脑容量是 200 立方厘米，而同时期的直立人脑容量却达到约 900 立方厘米。庞大的大脑也带来了庞大的负担，远古人类的大脑只占身体总重约 2%，而其能量消耗却占了全身的 25%[7]，这迫使远古人类加速四肢肌肉的退化——把肌肉需要的

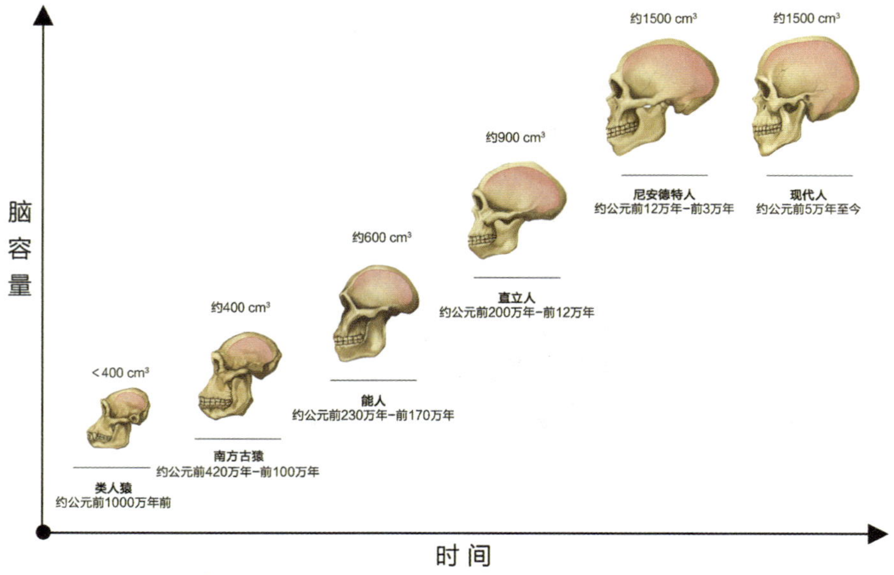

图 1-2-2　人类大脑容量进化示意图
（图片来源：作者研究团队绘制）

能量划拨给了大脑里的神经元。

约 7 万年前，远古人类神经系统进一步发育，其大脑容量已经与今天的我们无异（图 1–2–2），他们的学习、记忆、沟通等认知能力发生质变[6]。在距今 7 万年至 3 万年之间，人类发明了基于抽象思维的语言，能够通过词语的不同组合而产生无限多的句子，从而储存和沟通惊人的信息量[6]。此后至今，人类脑容量不再增加，大脑进化主要体现在信息存储与处理效率的提升。语言的发明使远古人类在与自然的抗争中创造出更复杂的合作形式，大幅提升了生存能力。复杂的语言系统还能让人类对所感知的事物进行抽象思维，并依此传达一些虚构的信息，传说、神话、图腾以及宗教也由此应运而生，人类对自我的认知和思考也达到了新的高度。因为人类创造出想象中的神话，于是也就有了宗教仪式或节日庆祝活动，邻近的氏族间就有了聚会的机会，原本彼此陌生的人们开始友好往来并产生合作。人与人交往的扩大和深化，促进了经验和技能的分享，推动解决人与自然、人与自身相关问题能力的提升。

大约 1 万年前，人类依靠狩猎和采摘获取食物的方式，逐渐难以满足自身日益增长的需求。同时，人类通过以上三个里程碑的进化过程，生存能力进一步增强。为了维系自身的生存和种族的发展，人类从一系列偶然发现中，逐渐掌握了种植、养殖技术，由自然资源采集者变为生产者；并且开始定居下来，逐渐形成了村落、城市和国家；人类在逐渐认识并改造自然的同时，也逐渐认识自身，积累了医学经验，降低了疾病发作率和致死率，提升了生命质量。这些变化改善了人与自然、人与人和人与自身的关系，推动人类从狩猎文明过渡到农耕文明。

在公元前 8000 年，种植和养殖技术的积累和进步，触发了农业革命。人类先后培育出玉米、小麦等植物，驯服了狼、野牛和野马等动物。玉米是人类在 1.4 万年前驯化的植物，科学家从基因上推测，玉米的野生祖先是生长在墨西哥的大刍草。人类经过数千年的筛选优化，干预了大刍草的演化方向，最终形成现在的玉米[8]（图 1–2–3）。这种技术在本质上与当今转基因技术无异。通过同样的方式，人类对狼、野牛、野马筛选培育，驯化了狗、牛、马等牲畜为己所用。至此，人与自然的关系已经从简单的资源获取，演进为干预和改造，而自然环境变化对人类的影响也随之降低。

在农耕时代，改变人与自然关系有三个方面的突出进步：一是铁制农具的普及应用，以及农具的不断改良带来的耕作方式进步。以犁的发明为例，中国古代以种植业而闻名于世，犁的发明

图 1-2-3　玉米的祖先——大刍草（左）和今天的玉米
（图片来源：作者研究团队绘制）

形成了农作物种植的垄耕法。犁便于给土壤透气，而垄沟又便于灌溉。与此同时，这还是一种休耕轮种方式[9]。二是以畜力、风力、水力部分替代人力进一步解放了劳动力，提高了生产力。牛和马是世界各地普遍役使的畜力，风帆也是应用风力的发明。而号称“风车之国”的荷兰是风力应用的典范，中国的各式水车又是应用水力的普及工具。三是大兴水利设施。中国在战国时期就有了著名的郑国渠，而都江堰造就了号称“天府之国”的成都平原，无愧于世界文化遗产，位列世界灌溉工程遗产之首。

以农耕技术获取食物的方式，使人们定居下来而形成“村”。粮食产量的提升使食物储备增加，形成更大规模聚居，多个氏族聚集形成部落，部落融合形成民族。人口爆发式增长，人们为防御外敌掠夺而筑墙，就出现了“城”。劳动成果的剩余产生了人与人之间的产品交换，通过交换导致产品变为商品，人与人的关系产生了新的内涵。剩余产品的出现与商品贸易的产生，促成手工业者和商人等新的社会群体形成，社会分工逐步细化，商铺、作坊，甚至原始公司等经济组织开始出现。为了促进商品交换及手工业发展，就在“城”中产生“市”。而剩余产品的分配方式与占有方式的变化，逐渐形成贫富差距，进而分化为不同的阶级。阶级分化必然产生矛盾和冲突，由此需要一个协调各阶级利益并控制冲突的权力机关，于是“国家”就应运而生。国家的出现标志着农业社会的形成与农耕文明的成熟，人与人的关系向规则化、系统化、制度化演进。

定居文明导致人口聚集密度增加，同时农耕文明培育的农作物导致食物结构趋向单一化，这些特征不仅使人类聚落中疾病滋生，瘟疫横行，也使婴幼儿存活率下降[6]。人类对生命认知和治愈疾病的渴望，推动了宗教和巫术的兴起，进而分化出巫医，再分化出医生。大约在公元前 7 世纪到公元前 5 世纪，东西方古代医学体系不约而同形成：人们对植物毒性和治疗作用的经验积累，逐渐形成了以草药治疗为主的医疗技术。比如，中国人发现麻黄能止喘、大黄能致泻，秘鲁人用金鸡纳树皮治疗疟疾。而古老文明中不同的哲学思想，又形成了许多原始医学理论，比如以阴阳五行为基本原理的中医，以四体液理论为基础的古希腊希波克拉底学派等。而东西方古代医学理论的共通之处都是将自然、生命、健康与疾病紧密联系，都涉及了人与自然和人与自身关系的和谐平衡[10]。这些治疗技术和医学理论的出现，增强了人类认知自身和治愈疾病的能力，改善了健康状况，延长了寿命，推动着人与自身关系的改善。

从蒸汽机到电力

公元前约 1000 年至公元前 500 年，世界的东方和西方，几乎同时产生一批伟大的哲学家，比如中国以儒、道、墨、法为代表的诸子百家，西方的苏格拉底、柏拉图、亚里士多德等。然而在此后千余年间，中国封建王朝罢黜百家，专制一统，阻碍了思想自由发展；欧洲教廷鼓吹神权，宗教禁锢，限制了知识文化进步，东西方自然科学与生产力发展缓慢。自 14 世纪开始，欧洲开启了文艺复兴、宗教改革和启蒙运动，科学从神学枷锁中释放出来。1687 年，艾萨克·牛顿发表《自然哲学之数学原理》，带动了数学、天文学、物理学、化学等自然科学发展，随后，现代科学依照人类三对基本关系脉络展开，逐步形成三大体系：一是研究人与自然关系的自然科学体系，如数学、天文学、物理学、化学、地质学等；二是聚焦人与人关系的社会科学体系，如经济学、法学、社会学、政治学等；三是着眼于人与自身关系，研究人类身心状态的思维科学体系，如哲学、生理学、心理学、语言学等。三大科学体系相互借鉴、相互促进、相互跨界、共同发展。现代科学体系的建立为之后的产业革命奠定基础，科学技术成为生产力增长和财富积累的第一驱动力。

延续了约 1 万年的农业社会中，人类虽然懂得利用能源，比如用火炼铁，用风推动风帆，但还不知如何进行能量转化。人类只能通过自身或动物的身体，吸收食物中封存的太阳能，再转换为肌肉运动的机械能，用以开发和利用自然。低级的能量转化方式，导致生产力缓慢发展，进而限制了人与自然关系的改善，也成为人与人、人与自身关系进化的瓶颈。

从 18 世纪初到 19 世纪末的近 200 年里，随着自然科学发展进入黄金期，人类相继发明了蒸汽机、内燃机和电动机。不断进化的动力机器，有效地把化学能、电能等非生物能量转化为机械能，成为人类可控的巨大动能，将人类从繁重体力劳动中解放出来。人类先后经历两次产业革命，进入工业文明的蒸汽时代与电气时代。动力机器的出现与不断改进，极大提高了生产力和自然资源利用效率，促进采矿、炼铁、机械制造、交通运输、化学工业、纺织、照明、发电等社会各行各业的迅速兴起。以纺织业为例，在蒸汽机出现前，英国纺织业以棉纺和麻纺为主，由于手工操作导致混纺出的棉纱粗细不匀，质量远不如中国和印度的棉布。蒸汽机的出现，以工业流程和标准化解决了质量问题，也大幅降低了成本，促使英国高质量棉布产量猛增，大量倾销全世界[11]。机械时代首先改善了人与自然的关系。

先进的生产力引发了社会生产方式的根本变革，催生了大规模制造的工厂、标准化流水线等先进的生产方式，产生了工厂和股份公司等先进的组织形态。成立于1602年的荷兰东印度公司是人类历史上第一个股份有限公司[12]（图1-2-4）。当时，从欧洲大陆组建一支商船队到东印度群岛需要大量的时间和资金，船队在海上要面对风浪、海盗、敌国战舰等巨大风险，于是荷兰商人一边找有钱人出钱，一边雇佣有航海经验和技能的水手而给予他们干股。有钱人出钱、有力者出力，“入股集资”和“有限责任”的概念就被发明出来。随着船队规模越来越大，航海公司组织结构越来越复杂，出现董事会、总经理、采购、仓储、销售、会计、通信、船务等具体分工。这种人与人协作的新形态，给荷兰人带

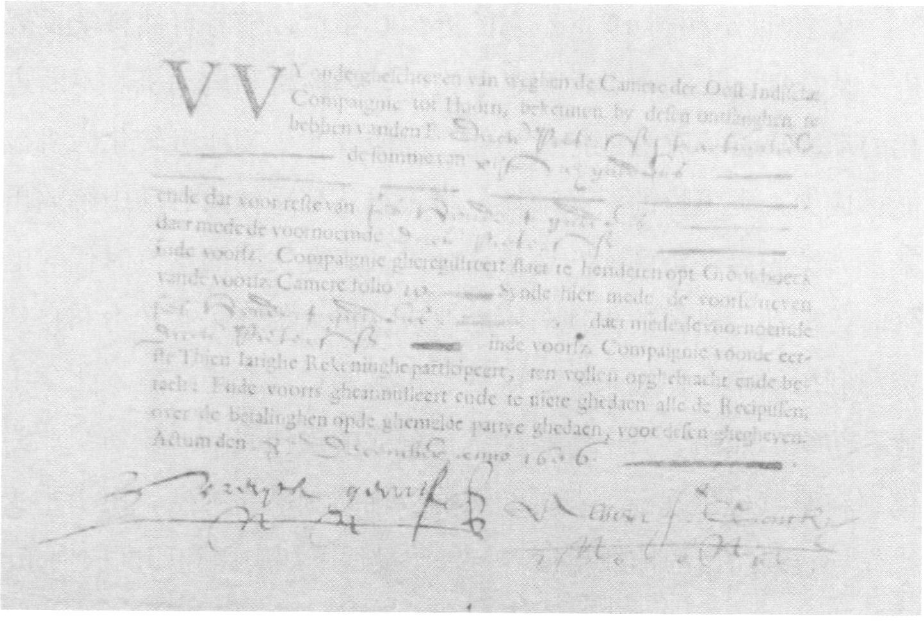
VV Y ondergheschreven van weghen de Camere der Oost-Indische Compagnie tot Hoorn, bekennen by desen ontfanghen te hebben vanden
de somme van
ende dat voor reste van
daer mede de voornoemde
inde voorsz. Compagnie gheregistreert staet te hendeten opt Grootboeck vande voorsz. Camere folio 10 Synde hier mede de voorschreven
daer mede de voornoemde
inde voorsz. Compagnie voorde eerste Thien Jarighe Rekeninghe participeert, ten vollen opghebracht ende betaelt. Ende voorts gheannulleert ende te niete ghedaen alle de Recipissen, over de betalinghen opde ghemelde partye ghedaen, voor desen ghegheven.
Actum den

图1-2-4　1602年，荷兰东印度公司诞生世界第一张可交易股票

（图片来源：荷兰历史博物馆藏品，作者研究团队摄制）

来了爆炸式财富增长。人类分工协作体系向精细化、复杂化演进，让人们以更高效方式互相协作，进一步提升了资源配置效率，成为人类社会进步的催化剂。

机械化、电气化、工业化、城市化，彻底改变了人类的生活方式。社会总体财富积累大幅提升，使世界人口井喷式增长，城市人口的数量增长与密度增加，放大了疾病对社会的影响。人们对人与自身关系改善的需求，促使生命科学发展进入快车道，催生了现代医疗技术的发明与进步，并促进现代医疗体系形成。以外科手术为例，19 世纪前，感染曾是导致外科手术失败的最主要原因，比如文艺复兴时期，剖宫产手术导致孕妇死亡率几乎是 100%[10]。19 世纪后，基于显微镜的发明和微生物学进步，消毒技术快速得到提高。苯酚等抗感染药品得以发明，手术消毒喷雾器（图 1-2-5）和伤口抗感染敷料展开应用。由于消毒技术的发

图 1-2-5　约瑟夫·利斯特（Joseph Lister）发明的消毒喷雾器
（图片来源：Science & Society Picture Library/SSPL via Getty Images/ 视觉中国）

展，仅截肢手术的死亡率就从 50% 以上迅速降低到 15% 以下[10]。随着物理学、化学等基础科学的积累，以显微镜、内窥镜、听诊器、体温计、血压计等为代表的疾病诊断工具，以青霉素、β 受体阻滞剂、胰岛素等为标志的治疗药物，逐渐推动现代医学技术与现代医疗体系成型。这使人类生命质量及健康保障出现质的飞跃，大幅改善了人与自身的关系。

一系列科技与产业的进化，带领人类迈入工业社会。在工业文明时代，人类通过认识、利用自然资源，获得机械动能，依次满足了人与自然、人与人、人与自身三对关系的相关需求，推动了与三对关系相对应的产业发展。

从电子时代到移动互联

20 世纪后，随着电子管、半导体器件、计算机、通信和互联网的发明，人类文明进入了前所未有的高速发展时期，首先进入了电子时代，继而快速迈入信息时代。人们以电子信息技术为主要手段，首先提升了人与人之间知识、经验、技能、货物交换的便利性，进而改善了人与人的关系。从 1904 年电子管问世，到 2007 年智能手机兴起的 100 余年，人类信息传播媒介从纸质书籍报刊依次转为无线广播、有线电视、有线网络，最终进化为移动无线网络。知识与经验的传播效率由此获得大幅提升，人与人之间信息沟通更加便利，人与人之间关系更加紧密和谐。随着人类信息沟通与协作网络的全球化覆盖，人类社会日益联结在一起而成为“地球村”。人类进入信息社会。

信息革命开启了以信息能量为动力的第三次产业革命。信息交互、传输、应用效能提升，转化为信息动能，作用于能源、工业制造、交通运输等各行各业。人类用计算机处理信息，用网络传递信息，充分挖掘信息价值，自然资源利用效率不断提高，促进了资源集约利用和再生、清洁能源、循环经济等新型产业的逐步发展，缓解了自然资源浪费和环境污染问题，改善了人与自然的关系。

信息化技术赋能于人与自身相关产业，推动了精准医学、再生医学、基因测序和靶向药物等医疗工程技术和产业的发展。人类对自身的认知不再是一团混沌，通过信息技术和解剖学、组织学、细胞学、生物化学、基因组学等生命科学的融合，使得生命数据可以被更客观、定量、精准的方法采集、分析和描述。一些对人类极具死亡威胁的疾病，因现代生命科学体系的进步，而不再成其为威胁。以近年来火热的基因测序技术为例，自 1975 年剑桥大学（University of Cambridge）教授弗雷德里克·桑格（Frederick Sanger）发明链终止 DNA 测序技术，到 2000 年初人类基因组计划完成的近 30 年间，基因测序技术在生物学、化学基本原理方面没有明显进步，基因测序程序繁琐、成本高昂，只能用于部分高端领域，几乎没有产业化运用可能。但是 2007 年以来，通过与信息技术高度融合，高通量的第二代测序技术，瞬间将人类全基因组测序周期从数年缩短至数天，测序成本也大幅度下降[13]（图 1-2-6），让这项实验室技术走入医院临床，开始为寻常百姓提供精准医疗服务，将人类带入精准医疗时代，极大改善了人与自身的关系。

20 世纪初至今的 100 余年，电子管、半导体器件、计算机、通信等技术的发展，让人们处理信息不再受地理空间和时间限制，人与人之间的交流、沟通、协作更加频繁且高效，促进了人们学习和工作的效率，继而改变了人们的工作和生活方式，引发了人

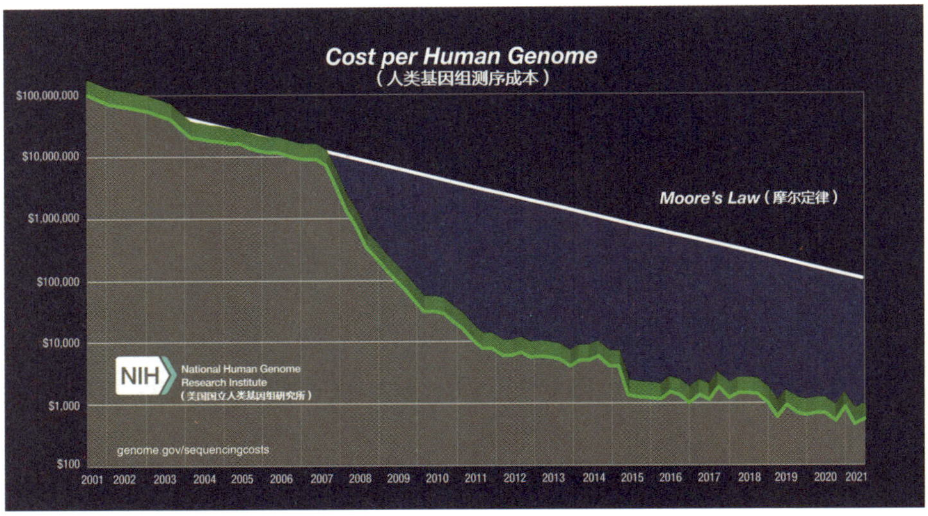

图 1-2-6　第二代测序技术大大降低测序成本
（图片来源：美国国立人类基因组研究所，National Human Genome Research Institute）[13]

类社会新一轮变革。信息与知识经验的传播效率大幅提升，极大促进了各学科各专业间互相渗透和跨界融合，人类迎来了“知识爆炸时代”与“大数据时代”。互联网浪潮使技术、资源和劳动力得以全球化配置，经济全球化迅速到来，信息成为推动全球经济发展的重要生产要素。高效的信息处理能力渗透到世界的各个角落，大大推动了航空航天、生物医学、加工制造、物流交通等领域技术革新和产业升级。人类将火力、水力、风力、阳光等自然资源转换成电能，用电能驱动计算机处理信息，通过各行各业的信息化充分挖掘信息价值。由此，自然资源利用效率不断提高，社会生产效率持续提升。线上线下融合的贸易、教育、医疗等活动，推进了各行各业的创新发展。信息已经成为人类社会继煤炭、石油和电力后的一种新能量形态，前所未有地促进了人与自然、人与人和人与自身关系的进化。

以蒸汽动力和电能动力为标志的前两次产业革命，是人类通过认识、利用自然资源获得机械动能，以满足人与自然、人与人、人与自身三对关系的相关需求，从而推动同三对关系相对应的产业发展。而第三次产业革命，是以信息通信技术为主要手段，将信息转化为动力和能量，以信息动能满足人与自然、人与人、人与自身三对关系的相关需求，推动同三对关系相对应的产业发展。人类社会在黑暗和苦难中，在矛盾与冲突中，不断反省人类文明进步的正确方向，不断反省人类生存发展的本质需要，不断反省人与自然、人与人和人与自身三对关系的本质需求，及时调整修正发展轨道，在发现和解决问题中前行，在问题转化为需求中进步。也许正是这种本能和机制，才使人类勇于探索和利用自然，发展和完善人与人的关系，改善和提升自身健康和能力，成为地球的主人。

第三节　从现在到未来

人工智能（Artificial Intelligence），英文缩写为 AI。它是计算机科学的一个分支，是研究、开发用于模拟、延伸和扩展人的智能的理论、方法、技术及应用系统的一门新的科技。从约翰·麦卡锡（John McCarthy）、马文·明斯基（Marvin Lee Minsky）和克劳德·香农（Claude Elwood Shannon）在达特茅斯会议[1]上正式提出人

1　1956 年 8 月，在美国达特茅斯学院中，约翰·麦卡锡、马文·明斯基、克劳德·香农、艾伦·纽厄尔（Allen Newell）、赫伯特·西蒙（Herbert Alexander Simon）等科学家讨论用机器来模仿人类学习以及其他方面的智能，取名“人工智能”。

工智能概念，到2016年AlphaGo事件[1]，已有60余年。随着第三次产业革命带来的一系列技术进步，人工智能技术从概念逐渐迈向应用。目前，人工智能与一些细分学科和专用领域渗透融合，推动机器人、物联网和大数据等新产业形态发展。在信息技术催化下，以基因科技为代表的生命科技得到广泛应用。信息技术的催化，也推动了纳米技术的进步。人工智能、生命科技和纳米技术的融合，正成为触发第四次产业革命的新引擎，人类已开始从信息社会迈向智能社会。

新产业革命仍然不会改变人类需求的本质，产业发展仍将围绕解决人与自然、人与人和人与自身三对关系相关问题的需求展开，只不过内涵更丰富，外延更宽阔。智能社会将颠覆人类对人与自然、人与人和人与自身关系的理解，尤其是人与自身关系相关问题将发生革命性变化。如果说工业社会，人们借助自然资源，以机械动能改变世界；信息社会，人们借助数据资源，以信息动能改变世界；那么，智能社会，人们将深度利用数据资源，把信息动能和自身智能结合，将以新的动能形态改变世界。

从人与自然的关系来看，从工业社会到信息社会后期，人类生产力的发展和人口激增，加速了有限自然资源消耗，已知资源的开采成本不断上升，宜居空间逐渐减少，加上气候变暖等环境问题，人与自然关系的矛盾日益突出，地球将逐渐承载不了更多人口。人类的出路只有两条：一是加快基础科学进步，探索更多生存发展空间。然而，继相对论和量子力学以后，70多年来人类在重大科学理论方面的突破性成果就很少了。只有加快基础科学

1　指机器人AlphaGo在围棋比赛中以4∶1击败世界冠军李世石的事件。

突破才能为新一波技术发明和应用创新提供坚实支撑，人类才会有更美好的明天。二是加快技术开发和应用创新，解决人类社会现有的相关问题。比如，小型可控的核聚变技术若有根本性突破，电力成本将大幅降低，海水淡化技术就有可能被广泛应用，水资源及沙漠问题也将随之解决。还有，如果电池能量密度提高到10000 Wh/Kg 以上，将引起诸多产业的革命性进步，等等。

当然，在以上两条基础上，还有第三条出路，那就是开拓新疆域、挖掘新资源，诸如探索深海和地球外空间。目前，相关产业已经初现端倪。以小行星采矿产业（图 1–3–1）为例，太阳系中近地小行星群上的铁矿含量差不多是地球的数十倍[14]，被天文学家称为“太阳系低垂的果实”，它们吸引了许多企业甚至国家的关

图 1-3-1 小行星采矿产业假想图
（图片来源：作者研究团队绘制）

注，美国和卢森堡就出台了针对小行星采矿产业的法律，“太空淘金竞赛”将不可避免。在可预见的未来，人与自然关系的广度和深度将不断扩展，终有一天，人与自然的关系，将从地表深入地下，从地球发展到宇宙。

同样，在人与人关系上，“地球村”概念正不断变为现实。更为重要的是，我们将不得不面对人类自身创造的人工智能生命体，人与人造生命体之间的关系将引发社会分工、就业结构、伦理道德和上层建筑的革命性变化。此外，根据天体物理学家法兰克·德雷克（Frank Drake）的宇宙绿岸公式[1]估算，人类生活的银河系还存在多个高技术文明星球。未来，当人类与其中某个文明相遇时，人与人（或“外星人”）的关系可能上升到“宇宙社会学”[2]的层面。

人与自身的关系将产生前所未有的最深刻变化。从生物学角度看，7万年前至今，人类几乎没有进化。而人工智能、生命科技、纳米技术等科技进步，为人类自身再次进化提供了可能。一方面，生命科技进步将大幅提升人类健康水平，百岁以上将成为人类寿命的新常态，人类可以有更长久时间进行知识创造和完善自我。另一方面，机器人、复合人，甚至外星人的出现，给人类带来了新挑战，需要人类提升全新能力与自身心智，才能在与其竞合中继续生存发展。

数万年来，从刀耕火种到飞船探月，从呼喊嚎叫到移动互联，从命数天定到基因编辑，人类为了维持生存和发展，逐步推动相关产业演进升级，已经成为地球当之无愧的“霸主”。也许50年

1　由美国天文学家法兰克·德雷克于20世纪60年代在绿岸镇提出的一条用来推测“可能与我们接触的银河系内外星球高智文明的数量”的公式。

2　中国科幻小说作家刘慈欣在作品《三体》中虚构的学科。

后，人类将开启以宇宙科技为标志的第五次产业革命。届时，人类只有实现自身进化，才有可能迈出地球，飞向宇宙，成为多星系的伟大物种。如果人类自身进化停滞不前，我们或许会像一些远古人类一样被自然淘汰，取而代之的将会是适应星际空间的“新人类”，人类文明将在一个难以想象的高维宇宙中继续演进。

在可预见的未来，人类需求的本质不会改变，仍将体现在人与自然、人与人和人与自身三对关系上；在不可预见的未来，新生命是否会构建出新型关系？在科幻世界里、在虚拟世界里、在哲学世界里，只要是人类想象的一切世界里，都跳不出这三对关系！

综上所述，人类需求的本质源于对美好生活的向往和解决生存和发展问题的需要。而这一切都可归结于人与自然、人与人和人与自身三对关系。人类在解决上述三对关系相关问题过程中，形成了产业，驱动了发展。需求是关联的：解决三对关系相关问题而产生的需求，是相互依存、相互促进、相互转化的，是一个事物的三个维度。需求是递进的：产业的每次革命性进步，在解决老问题同时，又会产生新问题，激发出更高级别的需求能量，成为进一步推动产业发展的驱动力。需求是需要激发和创造的：现代社会，需求的激发创造，在于国家培育市场的能力和企业持续创新的能力。这两种能力共同作用和相互促进，将不断激发和创造新需求，促进市场规模扩大和市场品级提升，推动产业持续发展和社会文明进步。

上述需求与产业发展的逻辑关系，从狩猎社会、农业社会、工业社会再到信息社会，都不曾改变，未来也不会改变。

第二章　科技驱动力

我们在第一章讨论了需求本质及其驱动产业发展的逻辑，本章讨论科技驱动产业的逻辑。

第一节　发现、发明与触发

科学和技术是两个不同的概念，但两者却有紧密相关的联系，技术进步通常为科学发现提供先进工具，而科学发现又不断促进技术的创新发展，在中文语境里，经常将两者合称为科技。科技对产业的驱动，是通过科学发现、技术发明和工程化应用这三个环节的互相促进和循环进步中实现的。这就是科技驱动产业发展的逻辑。

发现与发明

科学发现是指人类对未知事物和规律的揭示，包括事实的发现和理论的提出[15]。例如，牛顿通过观察苹果落地、潮起潮落、月球与地球的周期运转等一系列自然现象和科学事实，发现这些现象背后共同的决定因素，由此提出万有引力科学假设。紧接着，他又通过微积分等数学工具的严密演算和实验证实，总结出世界公认的力学理论——万有引力定律。又例如，当爱因斯坦发现某些自然现象不能用牛顿经典力学定律解释时，便将引力和时空联系在一起，通过逻辑推理，提出了狭义相对论假设，并与数学家希尔伯特（David Hilbert）一起，用数学公式推导出广义相对论。当越来越多的天体现象观测反复验证了这一理论，人们才逐渐认识到爱因斯坦科学发现的巨大价值。

技术发明主要是指在科学发现基础上，创造出新的事物，或者提供比以往技术更先进的方法和工具。例如，莱特兄弟（Wright Brothers）发明的飞机，将人类交通工具从二维交通网络飞跃到三维，不但极大提高了交通运输速度和便利性，而且也扩大了人类活动空间范围。再例如，爱迪生发明的电灯泡，不仅提升了照明质量，还延展了人类活动的时间范围。

由科学发现形成的理论，是技术发明的基础。在近代科学体系形成前，很多技术发明主要是依靠经验和感悟形成的，比如农业社会的犁、水车等。直至现在，类似情况依然存在。随着近现代科学体系的形成，大多技术发明都是建立在科学理论基础之上的。例如，法拉第（Michael Faraday）在 1821 年发明的电动机技术，就是建立在奥斯特（Hans Christian Ørsted）发现的电流磁效应理论之上。同时，技术发明和进步的过程，也会促进科学理论的完善和发展[16]。例如，伦琴（Wilhelm Conrad Röntgen）在 1895 年对阴极射线的研究中，发明了医用 X 光透视技术，这个发明迅速引起学术界的广泛兴趣和关注；在随后数十年中，巴克拉（Charles Glover Barkla）、劳厄（Max Von Laue）、布拉格父子（William Henry Bragg、William Lawrence Bragg）等科学家，相继完善了 X 射线的波动性和粒子性理论，进而将这个技术扩展到分子结构分析等多个应用领域[17]。

关于技术与科学的关系，不少人会赞同美国杰出的工程教授约翰·曲克索（John G. Truxal）说的："技术，就是应用科学知识来达到人类特定的目标。"而我更倾向美国著名经济学家布莱恩·阿瑟（W. Brian Arthur）的观点："断言技术只是科学的'应用'是幼稚的，毋宁说技术是从科学和自己的经验两个方面建立起来的。这两个方面堆积在一起，并且随着这一切的发生，科学会有机地成为技术的一部分，被深深地融入了技术。"[18]

开创、改进与组合

如上所述，技术是从科学和经验两个方面建立起来的，新技术不会凭空产生，往往都是在现有技术的基础上发展起来的，而现有技术又来源于先前的技术。新技术的发明有开创型、改进型和组合型三种路径。

开创型技术发明所依据的基本原理与已有技术有本质的不同，它是一种质的飞跃。在所有技术发明专利中，开创型技术发明虽然不足1%，却是驱动人类产业和社会发展的关键引擎。例如，以煤炭燃烧为动能的蒸汽机，完全不同于使用人力、马、牛等生物能驱动的机械，它的发明带来了生产力革命性的飞跃。又例如，同样是化石燃料驱动的机械，从蒸汽机到内燃机，不仅是能量利用效率的提高，更是机械结构、能量转化方式革命性的进步，使交通运输产业实现了革命性升级。还有，从内燃机到电动机，机械动能来源从化学能变成电能，由此引发更清洁、更高效、更便于传输的能源革命。

改进型技术发明，通常以开创型发明为基础，是在基本原理不变情况下，对已有技术所做的不同程度的改进或完善。改进型技术发明，有的可能是以新的科学发现为前提，但大多是靠人类长期的经验积累和摸索。在科学原理没有根本性突破的情况下，也有可能产生具有重大价值的技术改进。例如，机械工程师瓦特（James Watt）通过改良纽科门蒸汽机（Newcomen steam engine），制造出了能量转换效率更高的单动式蒸汽机[19]（图 2-1-1），使本来只能用于煤炭矿井抽水的笨重机械，成为普遍应用于各行各业的动力之源，推动了第一次产业革命时期的冶金、纺织、交通运输、机器制造等行业的飞速发展。又例如，在当今电子技术，特别是模拟电子技术领域，很多改进型技术发明都是由长期经验积累形成的。

在技术发明中，最为普遍的是改进型技术。同基本技术有关的材料、结构、工艺和功能的完善，都会产生改进型技术发明。例如，将柔性材料应用在半导体工程领域，就能赋予刚性电子元

图 2-1-1　小巧、精细的瓦特蒸汽机（左）和巨大笨重的纽科门蒸汽机

（图片来源：作者研究团队绘制）

器件弯曲、折叠、延展等特性，从而在信息、能源、医疗等领域衍生出颠覆性应用，如柔性显示（图 2–1–2）、柔性电池、柔性传感等电子器件。

当人们把一种基本技术通过移植而应用于多种对象时，通常会改变基本技术的某些环节，从而派生出另一些新发明，这属于移植改进型技术发明。例如，改进用于精密加工的工程机器人技术，将其移植到医疗领域，创造出以微创、精准为特性的医疗手术机器人（图 2–1–3），不仅为城镇居民提供了更高质量的医疗服务，还为边远山区、战场等特殊场景下的精准手术提供了新解决方案。

组合型技术发明就是将多种已有技术恰当结合或适当改进，组成一个新系统，实现某种新功能。例如，2007 年，苹果公司将

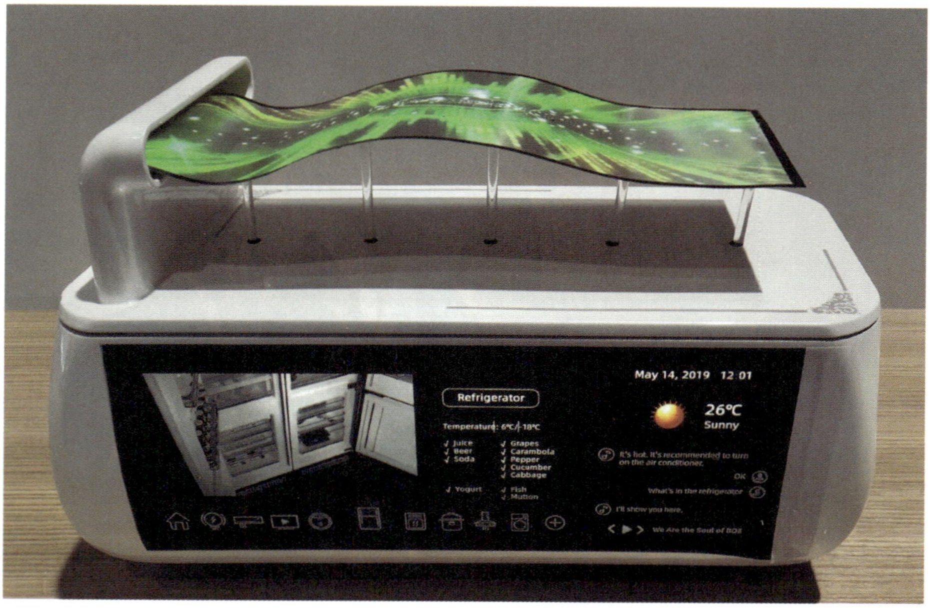

图 2–1–2　柔性材料技术在显示屏上的应用
（图片来源：作者研究团队摄制）

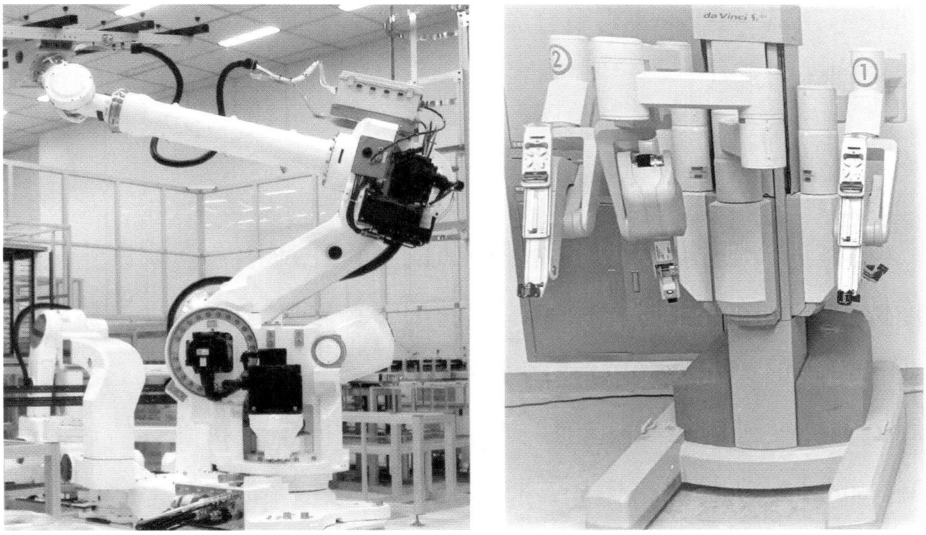

图 2-1-3　工业机器人（左）和手术机器人
（图片来源：作者研究团队摄制）

微型化计算机、网络通信、数码照相等技术相结合，就创造了颠覆性的 iPhone 智能手机，将人类带入了移动互联时代。此外，对产品形态、结构，乃至外观设计上的创新和改进，也属于组合型技术发明。又例如，苹果公司的 iPod，本质上属于一种 MP3 或 MP4 播放器，但其以独特的外观设计，配合先进的设计理念，成为差别于普通 MP3/MP4 播放器、别具一格的时尚品。由于技术越来越丰富，各种应用场景需要解决的问题多有不同，以及用户对性价比、便利性和能耗的要求也越来越高，组合型技术发明将成为技术创新的一个重要路径。

开创型技术发明通常是在重大科学发现基础上产生的，但也有更多的开创型技术发明，往往是在众多改进型和组合型技术发明累积到相当深度和宽度时，融合碰撞触发的一种质的飞跃。

需要强调的是，以上三种发明路径，经常会组合在一起，特别是跨领域、跨学科的组合型技术发明，已越来越成为当下世界技术创新的范式。

工程化应用

作为技术发明产业化关键环节的工程化应用，在实践中需要把握三个关键点：

一是明确应用方向和产品定义。一项技术发明的工程化应用，首先要确定第一个应用方向。在此方向上，明确具体产品定义。产品定义是根据应用方向确定的，因此精准选对第一个应用方向是前提。选对了事半功倍，选错了就会多走弯路。工程化应用能否成功的因素很多，其中两个最重要的因素是关键性能和性价比。例如，早在 20 世纪 70 年代，美国普林斯顿大学（Princeton University）一位教授就发明了一种有机发光材料技术。他们成立了一家材料公司，首选应用方向是照明，可是当时照明领域也有一项新技术出现——发光二极管技术（Light-Emitting Diode，LED），并已开始工程化应用。在照明领域，人们对光源产品的关注主要是寿命、亮度、节能和价格。当初，使用这位教授发明的这种发光材料做成的照明产品，在这些指标上都还很难同 LED 灯比拟。因此，该公司在很长时间内都无法将这项技术推广应用，由于投入很多，又长期没有回报而几近破产。后来他们将其应用于显示领域，作为有机发光显示器件（Organic Light-Emitting Diode，OLED）的关键材料，其关键性能和性价比优势便得以充分发挥，成功实现了商用化。此例说明，在技术发明应用环节中的第一个应用方向选择至关重要，选错了，可能夭折或失去先机；选对了，以足够应用规模推动技术迭代，就可以抓住先机，获得成功，并有机会移植到新的应用方向。

二是打通相关技术瓶颈。某项得到推广应用的技术，其载体必定是某个具体产品。一个产品一般都要集成多项技术，因此某项技术的推广应用，往往需要其他相关技术的配套。这些配套技术有些可能已经存在，有些也可能还需重新开发。只有把相关技术瓶颈都打通了，这项技术的工程化应用才能得以实现。以电子信息产品为例，一个系统产品，一般由算法、软硬件架构等相关技术所组成。软硬件架构等又与元器件、材料、工艺等相关技术紧密相关。而元器件和材料关键工艺的固化、效率化需要相应软硬融合的装备和系统来实现。上述诸多方面，每一方面的技术瓶颈都要打通。在这种情况下，仅依靠一家企业很难完成。因此，通过全球业界分工合作，共创共赢，便是技术发明产业化的正确途径。

三是改善性能、降低成本，到达应用"甜点"[1]。企业是工程化应用主体。企业要想追求永续经营，既要持续创新，不断推进新技术工程化应用，同时也必须追求效率和效益。对企业来讲，一旦在某个细分领域获得初步成功，一般都会通过快速改善性能、降低成本，提高性价比，抢占市场先机。同时，多家企业的共同参与，使得该项工程化应用市场渗透率不断提升，快速达到应用"甜点"，已成为时代主流。如果不能在相应的时间窗口内达到"甜点"，该项技术就有可能被历史湮没。这类例子在产业史上比比皆是，例如显示领域，无论十多年前等离子显示（Plasma Display Panel，PDP）和液晶显示（Liquid Crystal Display，LCD）的

1　这里指可以实现规模化应用和市场快速渗透的性价比等指标。

竞争，还是目前 LCD 和 OLED 之争[20]，均为例证。

需要强调的是，技术是从应用中迭代进步的，往往先从某个应用场景开始，通过一次次相当数量的应用，实现一代代升级。再通过技术的复用，移植到新应用场景，进一步提升技术成熟度、丰富度和性价比。随着应用范围扩大，种类丰富，异构和异质集成，推动系统功能不断整合优化，一些新技术也会应运而生。这就是应用创新的魅力，它既是远方，又是当下。

共享和保护

科学发现一般通过科学家之间的合作，以论文形式发表，实现思想和理论的共享。而技术发明和工程化应用则不同，通常以专利和技术秘密等形式，受各国知识产权法律法规保护。

正因为科学是催生产业的源泉，技术是驱动产业的基石，因此世界各国都鼓励基础科学研究和技术发明，重视知识产权保护。科技企业也往往通过申请专利等方法，保护自己的技术发明。对技术的尊重和对知识产权的保护，是鼓励发明创造，实现产业可持续发展的基础。受人尊敬的企业也必定是尊重技术和创新进取的企业。

积累与触发

随着科学发现、技术发明和工程化应用的不断累积，某个或某组科学和技术，经常会与另外一个或多个科学和技术发生碰撞和组合，从而孕育出新的科技，并在需求激发下，快速迭代进步，广泛应用，引爆新的产业革命。对于这一类科技，我称之为触发点科技。比如，第一次产业革命时的蒸汽机，第二次产业革命时的电气工程，第三次产业革命时的计算机。这些科技大都经历了理论和技术积累、需求刺激和应用引爆的过程，成为历次产业革命的触发点科技。当前，人工智能、生命科技和纳米技术，就是由多种理论和技术通过积累、碰撞和组合，孕育发展起来的，并在需求刺激下，快速迭代进步，临近应用引爆的前夜，引领第四次产业革命的到来。

触发点科技的形成，并非一蹴而就，而是在多学科、多类技术积累、碰撞和组合下，在满足人类解决三对关系相关问题需求的驱动下逐步积聚而成。

17 世纪至 19 世纪，物理学（主要是力学和热力学）、化学的交叉碰撞，引领了当时基础科学发展，为冶金、蒸汽机、机械制造等技术发展提供了理论指导。同时，随着欧洲各国新航线开通，全球贸易发展，迅速扩大了商品需求，使企业主产生了提高生产力的迫切需要，推动了蒸汽机小型化以及效能不断提升，并促进了其在各行各业的大规模应用，诸如煤炭开采、炼铁、机械制造、纺织、造纸、印刷、交通运输等，从而触发第一次产业革命。

19 世纪末至 20 世纪中，法拉第、奥斯特、麦克斯韦（James Clerk Maxwell）等科学家在电与磁相关领域的一系列发现，为电动机、发电机的技术发明积累了科学基础。随着电灯、电话等电器在美国不断问世，刺激了人们用电力改变生活的需求，促使大规模发电和远距离输电等技术诞生。交流发电机的不断改进与普及应用，推动电力相关产业迅速崛起，从而触发了第二次产业革命。

第二次世界大战后期，数学、量子力学、信息科学理论的共同进步，为电子计算机、网络通信等技术发明奠定了基础。同时，随着国际贸易体系形成、人与人沟通交流需求剧增，人类日益增长的信息处理需求与落后的计算能力形成巨大反差。此后，晶体管、集成电路、网络通信技术的相继发明，促使电子信息、通信技术的相关应用爆发性增长。航空航天、生物工程等科技领域，在信息通信技术催化下也飞速发展，第三次产业革命随之触发。

通过三次产业革命，人类文明达到了前所未有的高度，新的需求能量不断累积，以及人工智能、生命科学和纳米技术交替演进，加速了以这三项技术为触发点的第四次产业革命到来。

好奇心、想象力与功利心

科技累积、需求刺激和应用触发的大循环，驱动人类产业不断进化。这一过程的背后动因，就是人类与生俱来的好奇心、想象力和功利心。

好奇心与想象力，如同食欲一样是人类的本能，也是人类文明进步至关重要的因素。好奇心和想象力是一种探索未知领域，探究现有规则，甚至颠覆既有行为和准则的悖论式思考和批判性意识。人类科学探索的实质是由好奇心和想象力驱动的无功利行为。人类的科学发现是在好奇心和想象力的激发下应运而生的。如果失去了好奇心和想象力，人类就将失去未来。牛顿发现万有引力定律，源于他对未知世界的好奇心；爱因斯坦提出相对论，则是其将想象力发挥到了极致。这些大胆的想象与假设，搭起了人类通向未知领域的桥梁。从好奇心和想象力出发，科学家们探索奥秘，发现真相，认识规律，最终实现知识创新以及技术发明。

科学发现、技术发明的工程化应用，需要功利心的驱动。说到功利心，可能有人会误解为贬义。实际上，功利是一个中性词，对应的英文是 utility，是效用、功用的意思。经济学家用 utility 来解释理性消费者如何把有限资源分配在能给他们带来最大满足的商品上。功利心的本质，就是指导我们做事要聚焦目的和预期效果。商业上的功利心，就是通过市场机制，提高资源利用效能，追求以较少的投入获得较多的产出。通过这种对投入产出比的追求，推动科学技术工程化应用，客观上能让最终消费者以相对便宜的代价，获得较高满意度的商品。

正是在好奇心、想象力与功利心的驱使下，人类科学发现、知识创新、技术发明与工程化应用才实现完美结合，从而推动产业发展和人类文明进步。

第二节　迭代与颠覆

试错与迭代

在人类社会漫长的历史进程中形成的理论和技术，都是从无数次实践试错或实验证明中获得的，都是沿着实践、认识，再实践、再认识，这样一种螺旋式进步路径而发展起来的。工业革命后，这一规律并没有改变。实践试错或实验证明，仍然是推动科学发现、技术发明和工程化应用进步的基本方法。

产业发展是在科学发现、技术发明和工程化应用的循环进步中实现的。从科学发现到技术发明，解决的是从 0 到 1、从无到有的问题。有了技术发明成果，未必就有相应产品制造和工艺开发能力，也未必就能解决生产和工程中的实际问题。将发明成果转化成现实生产力，还需要积累产品研制、工艺实验等工程化应用能力。通过在正确应用方向上的具体产品开发、中试、品质体系建设和量产，实现可复制、高效率和低成本，才有其推广价值，也才会催生出实体产业。从技术发明到工程化应用，就是要解决从 1 到 N 的问题，以实现从有到多，造福人类。

无论是从 0 到 1，还是从 1 到 N，推动这一循环进步的基本方法，就是不断的实践试错或实验证明。除此以外，没有捷径可走。没有长期的坚持、大量的时间和金钱的投入，要获得这种进步，是不可能的。

迭代是技术发明转化为现实应用技术的常用方法。“迭代”一词源于一种数学求解方法，它是一个重复试错、反馈、修正的过程，也就是将上一次计算结果，作为下一次迭代的初始值，从而不断逼近目标的过程。生物学界总结形成的遗传法则就是一种典型的迭代：生物种群的一批后代中，会随机出现一些变异，这是一种应对自然环境变化的试错机制。当自然环境发生变化以后，只有那些率先发生了适应性基因突变的个体才能更好生存，将这个过程重复千百次，甚至数万代，就会产生一个适应新环境的新物种，完成迭代式进化。这种迭代进化思维，已广泛应用于技术及产品开发。技术的工程化应用，就是通过这种循环往复的分析、设计、实施与测试，在不断试错中逐渐达致完善与升级，从而满足不断进化的用户需求。

谷歌是应用迭代思路开发产品的典型代表，其邮箱产品 Gmail，在推出的最初五年，其版本号都带有“beta”字样[21]，试错思维由此可见一斑。在安卓系统与 iOS 系统竞争中，谷歌用开放平台方式，与多家合作伙伴共同开发智能手机及其操作系统，让合作厂家之间迭代竞争，促使它们更快速更新软硬件产品。比如，安卓 2.3 到 4.0，前后只经历了十个月[22]。在这种快速迭代开发体系下，安卓最终和 iOS 一起成为智能手机操作系统市场的双雄。

面对市场环境不明朗、不确定性高的产业领域时，运用迭代思路开发技术和产品是最高效的。由于市场不确定性，不能按部就班完善各类分析和规划，而是快速行动启动开发，不怕试错，让技术原型在与市场、客户的不断碰撞过程中逐渐修正，将每次迭代都视作发现新问题的机会。这样一来，企业在同用户多轮碰撞中，用户需求一步步显现并清晰，由此找到技术要点并积累经验，逐步完善技术、产品和业务逻辑。

颠覆的危机

重大科学发现，或众多改进型或组合型技术发明积累到一定深度时，便会孕育出新的开创型技术，并引发底层理论和技术的重大变化，乃至整个产业的颠覆性变革。从产业进化的角度看，当迭代开发的微小创新无法满足社会根本需求时，也就是单纯依靠“量”的堆积解决不了根本问题时，就需要依靠底层科技的进步，这样更高能级的“质”变。正如爱因斯坦所言：“我们面对的重大问题，永远不能在产生问题本身的层次上被解决”，就算万匹骏马一起拉车，其速度也无法与一台内燃机车相比；就算万把算盘一起打得劈啪作响，在电子计算机前也只算古董玩具。人们常说“量变引起质变”，其实有时候，同一能级的量变，并不能引起质变，而是要有更高能级的量变所推动的质变。正是这种质变，推动了产业的颠覆性创新，实现更高能级量的扩展。

产业的颠覆性创新，就是旧技术、旧工艺和旧产品被新技术、新工艺和新产品所替代的过程。由此，产业链价值体系也将被重新定义，造成利润空间转移和产业结构重塑。当旧产业结构被打破，新产业结构形成时，一批传统企业将被新兴企业无情地取代。比如，在功能手机时代，市场份额第一的诺基亚公司，就是因为没有及时放弃落后的塞班（Symbian）平台，错过了智能手机发展黄金期，最终不得不退出手机竞争主战场，仅靠其他业务维持。古今中外，凡是由技术驱动的产业进化，始终重演着同诺基亚相似的教训。

晶体管发明前，电子管是电子计算机的基础元器件，这种控制电子流向的器件，虽然具有速度快、精度高等优点，但其在运行时产生的热量过多，电子管与电子管之间需要保持较大间隔。以第一台电子管计算机 ENIAC（图 2-2-1）为例，这台由 17468

图 2-2-1　体积巨大的电子管计算机 ENIAC
（图片来源：Bettmann/Bettmann Archive/ 视觉中国）

个电子三极管、7200 个电子二极管、70000 个电阻、10000 个电容等组成的大家伙，占地 160 平方米，重量达到 30 吨，但每秒只能进行 5000 次加法运算[23]，还不如现在的一只电子手表。随着计算需求与日俱增，以及空间和能耗的限制，电子管计算机发展很快遇到瓶颈。晶体管的应时而生，大大解决了电子管计算机的功耗和体积问题。此后，人们开始努力在同样的空间内，集成越来越多的晶体管，集成电路（芯片）由此诞生，开辟了电子器件新纪元。半导体加工工艺和芯片运算速度，按照摩尔定律呈现爆发式增长。晶体管以及随后集成电路的问世，将只能给科学家和工程师使用的巨型机器变成了像手机这样供所有普通消费者都可以随时随地便利使用的生活用具，在提升各行各业生产效率的同时，极大改善了人们生活，成为举世公认的 20 世纪最伟大的发明之一。而被晶体管和集成电路完全替代的电子管技术风光不再，只能躺在博物馆里唤醒人们的历史记忆。

这种产业颠覆的客观规律永无止境、永不止步，未来还将一再重演。即使是被我们奉为圭臬的摩尔定律，也快走到了历史尽头，随着新算法、新架构、新工艺的层出不穷，集成电路产业已到了变革前夜。任何科技与产业的从业者，都应时刻警惕替代危机，随时准备颠覆或被颠覆。

洞察与选择

一种技术何时会被颠覆？一门新技术究竟能走多远？一个领域多种技术并存，选谁不选谁？此种洞察和选择，是人们会经常遇到的事。方向选对了就有机会创造奇迹，方向选错了就有可能全军覆没。正确的洞察和选择，还是要从技术端和需求端两个方面去思考。

技术端：一是要看趋势。看清趋势，通常采用时空分析法。时间分析指的是回顾历史，通过研究历史，理清发展脉络，把握发展趋势。回顾历史越长远，展望未来越清晰。空间分析就是指审视同行们在干什么，所谓站在月球看地球，就是站得高看得清。二是尽可能试错。无论是轻资产业务，还是重资产业务，都要用好试错方法论。在做中想、想中做，在试错中摸索规律，理清需求，把握方向，做出正确选择。

需求端：一是分析能在什么样的应用场景中使用，其价值贡献是否足够大。也就是说，此项技术所支撑的产品和服务，能在怎样的应用场景上使用，且物超所值。二是分析在可能应用的场景中市场规模趋势。也就是说，相应场景下的市场规模趋势，能否消化开发投入，获得预期效益。

上世纪 90 年代中期，在彩色显像管（Cathode Ray Tube, CRT）还如日中天时，我已预感其将被替代的危机，努力寻找下一代显示技术方向。当时，平板显示（Flat Panel Display，FPD）技术开始产业化，其主要技术路线有“薄膜晶体管液晶显示器件”（Thin Film Transistor-Liquid Crystal Display，TFT-LCD）、“等离子显示器件”（Plasma Display Panel，PDP）和“场致发光显示器件”（Field Emission Display，FED），全球不少公司分别选择上述一种或两种技术方向。很多专家建议我选 PDP 技术，理由是 PDP 技术相对成熟，投资也相对较少。我深入研究了电子技术发展历史后，意识到，自 1947 年晶体管诞生以来，电子信息产业的发展史，基本是一部半导体技术对真空电子技术的替代史。PDP 和 FED 本质上仍是真空电子技术，而 TFT-LCD 的技术基础是半导体，其技术趋势就应该是 TFT-LCD。在需求端，手持电子设备已有发展的苗头，这种设备要求显示屏的尺寸能做小、轻薄和省电，这些功能只有 TFT-LCD 可以实现。于是，2003 年京东方开始进入 TFT-LCD 业务领域。

上世纪 90 年代后期，京东方设立“有源矩阵有机发光显示”（Active-Matrix Organic Light-Emitting Diode，AMOLED）技术实验室，开发刚性 AMOLED 显示技术；2008 年，设立柔性 AMOLED 实验室。2014 年，刚性 AMOLED 开始小批量生产，柔性 AMOLED 虽已完成工程化技术开发，但尚无量产经验。2015 年，京东方决定投资第一条 AMOLED 生产线，目标是智能手机市场。无论是刚性还是柔性，都需要投资数百亿元，这又是一次方向性选择。在高层决策会议上，同事们几乎都觉得应该上刚性 AMOLED，认为已有量产经验，技术风险小。而当时我思考的是，AMOLED 在智能手机应用场景的价值贡献。刚性 AMOLED 与 TFT-LCD 在手机这个应用场景中，价值贡献差异并不大。柔性 AMOLED 却不一样，它在相同应用场景下，可以给客户提供更富有想象力的多种价值创造方案。最终京东方选择了柔性 AMOLED。事实证明，这又是一次正确的选择。

也有一些令人遗憾的案例。例如，柯达公司曾是胶片摄影行业当之无愧的领导者。在数码摄影出现后，柯达没有及时转型，反而死守传统胶片业务，最终衰败。令人深思的是，世界上第一台数码相机，其实是柯达公司工程师斯蒂芬·塞尚（Steven Sasson）在 1975 年发明的[24]。当时柯达高层担心这种新产品影响胶片业务发展，而选择将其雪藏[25]。与柯达公司不同，对那些在传统胶片领域缺乏积累，且急于打破柯达垄断的公司来说，数码相机技术恰恰成为后来居上者手中的扭转乾坤的法宝。21 世纪初，佳能、尼康、索尼、富士等日本企业成为数码浪潮的弄潮儿。

这个例子也说明了把握产业和行业发展趋势的重要性。对于柯达决策者来说，在坐拥传统胶片业务绝对优势和先发优势之时，并且在数码相机前景尚不明朗之时，的确很难下决心做出颠覆自己的决定。但是，如果他们能认真研究产业发展历史，就不难发现，自第三次产业革命以来，人们对于文字、声音和图像的记录方式，一直遵循着从实体到模拟，再朝着从模拟到数字化的方向演进。比如声音记录介质，最早记录模拟信号的黑胶唱片和磁带，演化成了记录数字信号的 CD/DVD。当人们用手掌大的一张光盘，就能保存一大箱磁带才能装下的歌曲时，磁带的消失自然就只剩下时间的问题了。如果柯达公司能够敏锐意识到这个趋势，或许就不会因为固步自封而一败涂地。

随着智能手机不断普及，手机开发商在摄影、摄像功能上投入的资源越来越多，原来数码相机的功能，正不断被智能手机所整合（图 2-2-2）；同时，航拍相机、运动相机等产品出现（图 2-2-3），

图 2-2-2　智能手机与数码相机的边界越来越模糊
（图片来源：Yonhap/ 视觉中国）

图 2-2-3　大疆无人航拍机（左）和 GoPro 运动相机
（图片来源：左，张海岩 / 视觉中国；右，Michael S. Nolan/agefotostock/ 视觉中国）

代表了数码摄像应用场景新的细分趋势。这个行业正迎来新一轮颠覆。

第三节　发展的不平衡

近现代科技和产业的革命性发展，推动人类从农业社会、工业社会、信息社会，势不可挡地迈进智能社会。然而，发展是不平衡的。这主要是指由科技进步和产业发展在时间空间上的不同步，所产生的社会发展的不平衡。

时间不同步

在科技和产业革命演进中，各学科及其应用技术发展，不是齐头并进的。某一学科的突破性进展，往往依赖其他学科的相应进步。但其他学科能否相应进步，往往存在不确定性。比如，现在炙手可热的基因测序技术，在上世纪 70 年代末至 80 年代初期已具雏形，但直到30年后，随着信息技术进步，算力算法的提升，基因测序的周期和成本才被接受，成为普通人能够享受的健康检测服务。

第三次产业革命以来，计算机、通信等电子信息领域技术飞速发展，人类进入信息社会。从算盘到超级计算机，从“飞鸽传书”到移动互联，人类数据处理能力和沟通便利性增强了不止千万倍。但如果将目光投向能源、农业、生物等领域，其进步与电子信息领域相比却缓慢得多。

以能源技术产业为例，由于内燃机技术不断优化，人类在40年前就能够用10多个小时完成一次洲际旅行。时至今日，我们完成一次洲际旅行时间并没节省，更快捷的交通方式并没有出现，星际探索仍然只是梦想而已。究其原因，其实是能源技术产业发展过于缓慢。我曾与一位热物理学家探讨核聚变能源的使用。这位热物理学家开玩笑说，他年轻时，很多科学家都说，50年后人类就能将核聚变作为稳定能源了，但50年后，轮到他回答同样的问题，他的答案仍然是还要50年！不同领域科学技术的发展，由于其内在因素，存在极大不同步。

空间不同步

科技进步和产业发展的不同步，在不同国家甚至是同一国家的不同地区，也显而易见。这种不同步，往往形成社会发展和人们需求水平的差异，体现在经济水平、居民生活条件等多个方面。例如，2017年，美国人均年收入达到5.8万美元，而在地球另一端，世界最贫穷国家布隆迪人均年收入只有290美元。另一组数据显示，同2000年相比，2017年全球富翁的数量增加3倍，但同时，全球贫困人口总量却下降缓慢，部分非洲国家的贫困人口甚至连年成倍增加[26]。

地区发展不平衡，也体现在居民基本生活条件的差别。例如粮食问题，全球由于饥饿造成的儿童发育迟缓，约 75% 都发生在南亚和撒哈拉以南的非洲，而在地球另一端的美国和西欧，人们的主要问题是因摄取食物热量过多而导致的肥胖。又例如用水问题，当发达国家居民打开家中水龙头就能喝到纯净饮用水时，部分坦桑尼亚人却要到距离村庄 100 多公里之外才能找到相对洁净的水源，以满足最基本的用水需求。再例如厕所问题，目前仍有超过 50% 的印度居民，没有条件使用基本公共卫生设施，随地便溺污染了环境，造成疾病传播[27]。对比曾经在印度殖民的英国，其本土早在 1848 年就颁布了公共卫生法，强制要求家家户户都必须安装马桶，并于 1870 年开始普及陶瓷制冲水马桶[28]，而和印度一样同为亚洲国家的日本，其智能马桶、音乐马桶、健康监测马桶等高新技术产品，已成为人们追求生活品质的刚性需求。

伴随历次产业革命不断演进，社会形态与生产方式不断进步，不同地区发展不平衡的现象尤为突出。然而，这种发展的不平衡，恰恰蕴藏着发展的机会。

不平衡中的机会

科技发展在时间上的不同步，蕴藏着科技爆发将会带来的革命性增长机会。仍以基因测序技术为例，其出现之初仅是一项耗时耗资惊人的科研工具，但随着基因测序技术与信息通信技术间的不同步现象日益缩小，信息技术的产业化应用，使基因测序时间大大缩短，成本迅速下降，进入大规模应用。这里，美国因美纳（Illumina）公司前首席执行官杰伊·弗拉特利（Jay Flatley）做出了巨大贡献，他提出了业内著名的弗拉特利定律（Flatley's law），与摩尔定律类似。从他1999年执掌因美纳公司到2021年卸任，人类全基因组测序成本从1亿美元降低至1000美元以下。我和弗拉特利先生因弗拉特利定律与王氏定律而结识，2017年我们首次见面时，互相调侃对方为“定律先生”。他还对我说，他的目标是将目前1000美元的成本降到100美元。弗拉特利正是抓住了这种不平衡中的机会，踩准技术进步的方向和节拍，才让一家年营收50万美元的初创公司，成长为年营收数十亿美元的行业巨头，同时也让这项技术惠及了更多人。

社会发展在空间上的不同步，酝酿着产业转移过程中的规模效应、需求势能效应带来的发展机会：对于先发展国家来说，当国内需求逐步得到满足，市场空间逐步紧缩时，若向后发国家进行产业转移，就能够利用需求势能差异，进一步开拓新市场需求，获取技术移植价值，增加市场份额和收入；同时，通过输出技术和标准，利用后发国家相对低廉的劳动力等资源成本，进一步降低成本，提高自身盈利空间。而对于后发国家来说，积极承接先发国家的产业转移，能够迅速获得成熟技术，积累自身能力，发展相关产业；同时，还能解决本国就业问题，利用本国劳动力资源优势，迅速扩大生产，利用规模优势降低消耗，减少成本，实现自身发展。

第四次产业革命，将给全球带来新一轮不平衡发展。例如，随着智能机器人产业发展，发达国家将逐渐减少对劳动密集型产业的依赖，而转向更加廉价和高效的智能制造和智能服务，并逐渐将劳动力输出国排除在全球贸易体系之外。一些行业的从业者也将面临被智能机器替代的危机，诸如自动驾驶技术对专职司机的替代。当然，新的不平衡也将带来新的机会，抓住机会就能实现新一轮增长。

第三章　弯曲的时空

科技进步和产业发展在时间和空间上的不平衡，恰恰是新发展的机会。不同组别科技进步不是齐头并进的，这种时间错位，蕴藏着无数种组合进化的可能，一旦时机成熟，势将带来新的革命性增长。社会发展在空间上的不同步，蕴含着先发国家扩大市场规模的需求，以及后发国家产业承接的需求，一旦条件具备，两种需求势能就可释放出新的爆发性机会。

在经济全球化背景下，后发国家如能抓住机遇，在适宜的产业领域，有希望在短时间内拉近同先发国家的差距，甚至实现赶超，如同穿越一段弯曲的时空。

第一节　物理学借喻

时空弯曲，是物理学概念。爱因斯坦在广义相对论中指出，空间中物体周围存在引力场，可改变经过其周围其他物体的路径，使空间和时间发生弯曲，引力场越强，则时空弯曲越明显。例如，恒星坍缩成质量、密度极大的黑洞，形成的超强引力场可导致时空极度弯曲，连光线也无法逃逸。根据广义相对论描述，时空弯曲到极致会形成“虫洞”，也就是一条连接距离遥远时空的捷径，穿越虫洞即可实现时空跳跃[29]（图 3-1-1）。

我借用“时空弯曲”这一物理学概念，比喻产业先发与后发

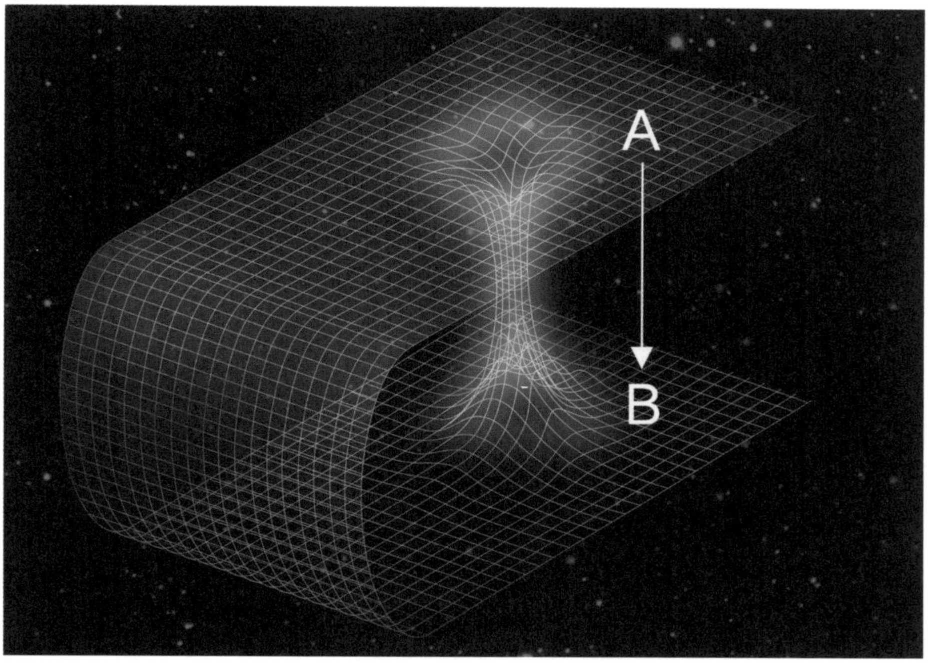

图 3-1-1　时空弯曲形成的“虫洞”，是连接两个时空的捷径
（图片来源：作者研究团队绘制）

国家的产业联动效应。先进者通过技术进步和需求升级，释放出强大发展动能，创造强大引力场，产生时空弯曲，客观上为后进者提供了机遇能量。后发国家若能抓住机遇，就有机会实现科技、产业、经济、文化乃至社会形态的快速进步，实现赶超。

第一次产业革命后，世界市场体系与国际分工协作体系逐渐形成，全球性产业转移浪潮为后发国家提供了机遇能量。然而，并不是所有后发国家都有“翻身”的命运，若想抓住机遇实现赶超，还需要国家内部形成优渥的创新创业土壤，通过聚集人才、科技和资源，孵育产业，使其落地生根并枝繁叶茂，并利用这一机遇能量，一举实现时空穿越。在此基础上，不断推动科技创新、需求升级，积聚产业发展新动能，创造新的强大引力场，实现后来者居上，为后进者提供新的机遇能量，为人类文明进步做出贡献。

第二节　弯曲的实证

用时空弯曲视角回看人类产业发展，历史上能够称之为时空弯曲的全球性产业赶超现象有两次：一是 20 世纪初期的美国，从落后的农业国一跃成为世界第一大经济体，并保持霸主地位至今。二是 20 世纪中后期开始的亚洲，先从日本、“四小龙”，到当今的中国大陆，乃至印度、越南等东南亚诸国，都是从“时空弯曲”到产业赶超的实证。

美国超越英国

美国独立之初，全国 90% 的劳动力均从事农业生产。直至南北战争时期（1861—1865 年），全国农业产值仍然远超工业。但到 20 世纪 30 年代，美国工业总产值就达到了世界工业总产值的一半[30]，超越以英国为首的欧洲各国，成为世界经济新霸主。穿越了弯曲时空的美国，实现了经济腾飞。作为创新引领发展的典范，美国更是囊括了 20 世纪以来几乎所有重大科技发明，包括电灯、电报、电话、飞机、原子弹、晶体管、电子计算机、互联网等。美国在短短 70 年内不仅实现了虫洞式超越，还成为人类产业发展的新领头羊，不仅是抓住了机遇，更是在于能持续推动科技创新和需求升级，不断积聚产业发展新动能，创造新的更强大的引力场。

美国的产业发展，得益于英国产业转移过程中的知识、技术分享。英国作为第一次产业革命的发祥地，是当时名副其实的“世界工厂”，占据了全球科技和经济制高点。在19世纪的前70年中，英国人口仅占世界人口的2%，却控制着世界工业总产值的30%—50%[31]。随着英国国内人工和资源成本不断升高，生产与市场矛盾日益突出，从19世纪下半叶开始，英国利用产业协同联动效应，逐渐向外输出生产技术，开启了第一次全球性科技与产业转移浪潮。美国作为英国曾经的殖民地，凭借其良好自然资源，吸引了众多英国工业企业到美国投资，成为英国产业转移的主要承接国。

但美国并不满足于充当英国产业转移的承接国，而是在此基础上，不断推动技术创新和应用升级。在优化创新土壤方面，美国用实际行动，向世界展示了其深入文化血脉的创新基因，包括基础科学研究、技术发明和工程化应用等广泛层面。

19世纪初，世界科技中心是最早实现工业化的欧洲，其科学文化萌生于古希腊及古罗马时期的自然哲学思想，随后发展成为系统的自然科学体系，奠定了近代科学思想的理论基础。19世纪后期，美国通过学习继承英国科学传统和德国科学体制，成为全球科技创新中心。美国经济现代化倡导者、曾任美国国务卿的亨利·克莱（Henry Clay）曾指出：“建立在科学基础之上的、培育实用技术和制造工艺优势的国家，在力量上必将胜过依靠劳动力数量的国家。”正是在这样的思想氛围下，美国才得以从一个劳动力和资源输出国，迅速转变成为科技创新带动产业发展的超级经济体。

在英国产业转移浪潮中，美国企业在引进科技成果的同时，十分注重应用层面的研究。19世纪至20世纪初，美国人在全国各地建立了各种研究所和工业实验室，重点研究生产应用技术，为提高工业产值起到关键性作用。法国历史学家、政治学家托克维尔（Alexis-Charles-Henri Clérel de Tocqueville）访问美国后赞叹道："在美国，人们对科学中纯粹实用部分的理解令人钦佩，同时又对那些在应用中最核心的理论给予认真的关注，在这方面，美国总是展现出一种自由的、原创的和富于发明的心智力量。"这种偏重应用科技的创新体制，让美国在技术产业化速度上快速超越了欧洲各国。例如，1803 年，英国开始研发蒸汽动力机车，而没等英国研制成功，美国就先于其在 1807 年成功试航了蒸汽动力轮船。再比如，电学理论和发电机制造技术起源于英国，但发电机的完善和电力大规模应用却是由美国发明家完成的，这也成为美国引领第二次产业革命的基础。

在这样的创新土壤上，美国还为自己打造了结构完善的人才资源体系，建立了成熟的人才培养机制。殖民时期的美国，曾面临着基础劳动力不足问题，大片良田和矿藏无人问津。此时，在市场机制推动下，更高的工资和更舒适的生活条件，吸引了包括技术工人在内的欧洲移民大量涌入美国。几乎无限制的移民政策，迅速解决了劳动力资源短缺的问题。美国人口从 1790 年的 400 万，到 1870 年达 4000 万，到 1915 年突破 1 亿，成为人口大国[32][33]（图 3-2-1）。除了基本劳动力，美国还通过建立各种国家资助的学术组织、完备的科学培养体系和优厚的人才引进政策，培养了诸如贝尔（Alexander Graham Bell）、爱迪生、特斯拉（Nikola Tesla）等本土科学家，同时也吸引了世界各地大量的科学精英，尤其是二战前后，数以万计的科学家移民到美国，最著名的包括爱因斯坦、费米（Enrico Fermi）、冯·诺依曼（John von

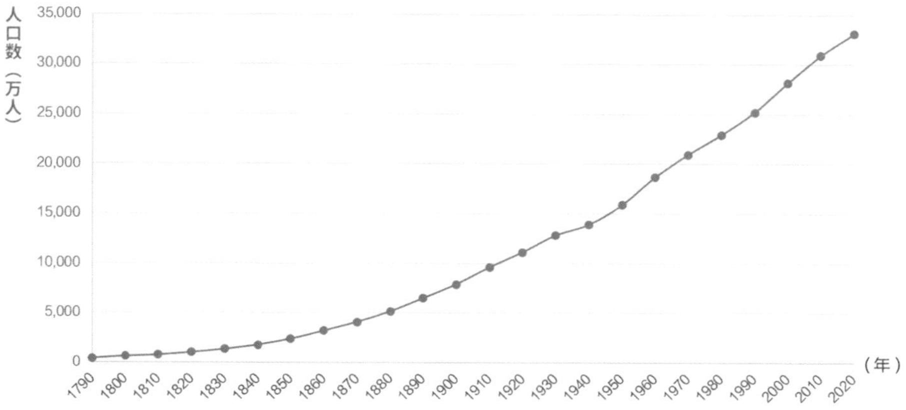

图 3-2-1　美国人口增长曲线[33]
（图片来源：作者研究团队绘制）

Neumann）、海森堡（Werner Karl Heisenberg）等，他们为美国带来了不可估量的财富。

保障人才资源源源不断供应的根本，是科学的人才培养机制。南北战争后的美国，进行了一系列教育改革。首先是增加教育投资，实行公私立并举的办学方针，创造更普及的教育机会。其次是加强基础教育，推行小学义务教育制，加强职业技术教育，为国家工业化培养了劳动技术大军。此外，还由国家为各个大学提供科研基金，建立了多个科学研究和生产技术指导中心，为推动新技术革命起到巨大作用。由于对人才、教育的重视和持续投入，100 多年来，美国在人口不断增长的情况下，仍然保持了人均国内生产总值（GDP）的持续增长[34]（图 3-2-2）。

值得一提的是，美国的迅速崛起，与其抓住了两次世界大战带来的机遇密切相关。作为远离欧亚大陆的北美国家，美国凭借两大洋的天然屏障，不仅避免了两次世界大战的灾难，还在此期间通过“特殊贸易”，积累了大量原始财富，为美国经济发展提供

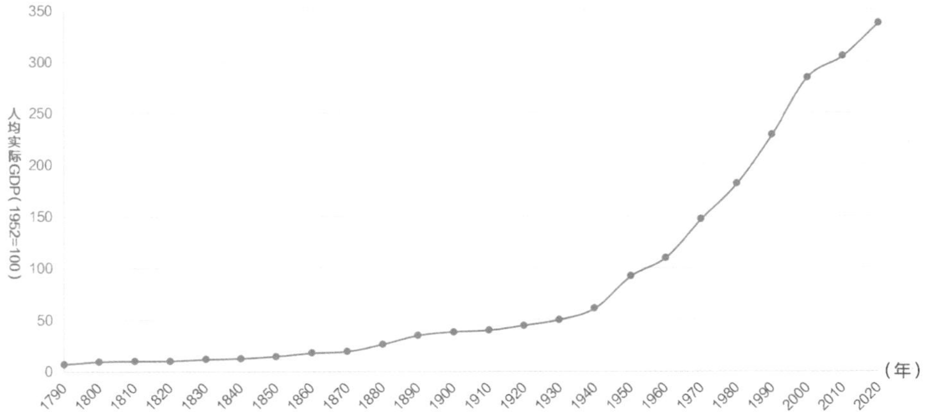

图 3-2-2　美国人均实际 GDP 增长曲线[34]
（图片来源：作者研究团队绘制）

了充足资本。而英、法、德等欧洲的老牌工业大国，却饱受战火摧残，经济实力大大削弱。特别是二战后，美国基于其全球最大资本输出国和债权国身份，加上全球科技中心的优势地位，迅速建立了以美元为中心的布雷顿森林货币体系，一举成为全球贸易和金融活动的主导者。金融为资本和技术的结合起到了加速器的作用，为创新者提供了前所未有的机会与激励。

优越的创新土壤，充足的人力资源和智力资本，加上两次世界大战带来的发展倾斜，大大强化了美国的引力场势能，助其驶入了科技和产业发展的快速道，许多改变世界的发明从此诞生。例如，电灯的发明，衍生出世界首个电力照明系统，推动输电、配电、变压等技术的发明和改进。又例如，交流发电机的发明，使电力开始广泛应用于工业、交通、通信等行业，让传统产业爆发出新的活力。最值得称道的是，1946 年，第一台电子计算机在美国诞生，触发了第三次产业革命。此后，晶体管、集成电路、互联网等技术相继发明，自动化、信息化带来的极高效率，彻底改变了人类的生产生活方式。此外，科技发展也让美国为世界带来了许多新产业，挖掘了人们的新需求，比如摄影摄像、航空航天、电子信息、生物工程、互联网等。这些新技术和新产品的诞生，改变了美国乃至世界市场结构，成为刺激经济增长的核心动力，推动美国成为世界经济的火车头。

亚洲崛起

在农业社会，大河流域孕育的亚洲是世界主要的文明中心[1]。而自文艺复兴后，西方资本主义和航海文明，逐渐将工业巨轮驶进了全球港口，此后的地球围绕欧美旋转了近300年。直到20世纪50年代，这一格局才悄然改变，随着美国和欧洲产业转移，日本、亚洲“四小龙”和中国大陆等经济体相继崛起。

日本和亚洲“四小龙”

第二次世界大战中，穷兵黩武的日本，几乎将明治维新后的工业化成果消耗殆尽，其经济到1945年战败时已然几近崩溃。据1949年官方统计，日本在战争中物质财富损失率达36%，全国119座城市被美国飞机炸为废墟，国内生产极度萎缩，物价暴涨，大批人员失业，粮食严重短缺，可谓民不聊生。然而，战后的日本却在举世皆惊中迅速崛起：从1960年到1970年间，日本GDP年均增长率高达11.3%，远远超过当时的美国和英国[26]（图3-2-3）；

1　人类文明起源具有依河面海特点。大河流域孕育的文明主要包括黄河、长江流域的古代中国，恒河、印度河流域的古印度，尼罗河流域的古埃及，底格里斯河、幼发拉底河流域的古巴比伦。几乎同时进入文明社会的地中海克里特岛，以及以克里特岛为起源的古希腊文明和古罗马文明，它们共同构成的地中海文明是人类海洋文明的起源和西方文明的摇篮。

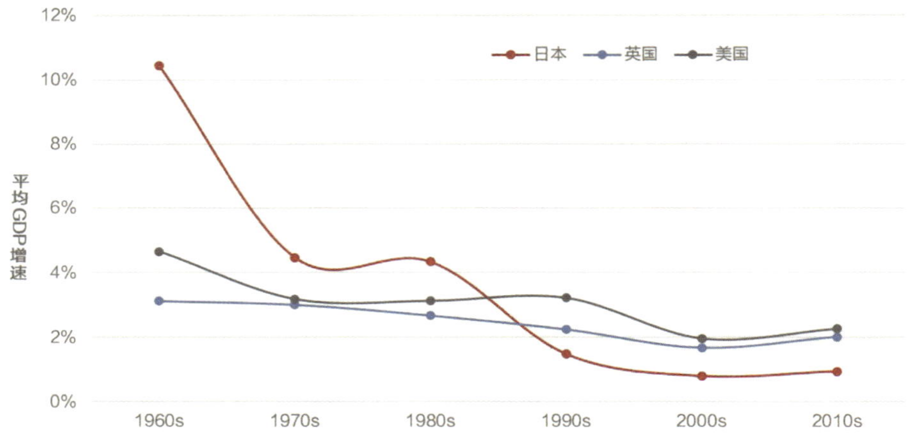

图 3-2-3　日本、美国、英国 1960—2010 年代 GDP 增速对比[26]
（图片来源：作者研究团队绘制）

1968 年，日本 GDP 超过联邦德国，成为仅次于美国的世界第二大经济体；1988 年，据美国《商业周刊》统计，世界排名前 30 位的大公司中，日本占了 22 家[35]，一跃成为当时的世界制造业中心，成功实现了经济复苏与赶超，穿越了弯曲的时空。

与美国崛起相似，日本时空弯曲引力场的形成，源自战后的产业联动效应。20 世纪 50 年代，第三次产业革命爆发，美国重塑自身产业结构，将集成电路、精密机械、精细化工、汽车制造等技术、资本密集型产业留在本土，同时将冶金、纺织等传统工业转移到日本和西欧，进行资本和技术的海外输出。作为产业转移受益国，战争创伤恢复期的日本，凭借其低廉的劳动力成本，利用后来者优势，承接了美国大量的先进设备和技术，加上对市场机制的有效利用，日本国内工业生产规模迅速扩大，时空弯曲的引力场就此形成。

为改良创新创业土壤，强化引力场牵引能力，战后的日本政府实施的一整套行之有效的科技、产业扶持政策，主要是从两个方向展开的：一是倡导科技引进与本土创新。通过全流程支持和调控，确保了引进技术落地。同时，由政府协调企业、研究机构和大学联合科研攻关，强化了本土创新能力。二是对重点产业的大力扶持。政府从融资、税收和贸易政策等多方面入手，打造了重点产业加速发展的绿色通道，确保了一批国民经济支柱产业快速获得了全球领先的竞争力。

早期充足的科技人才资源和完备的教育体系，是日本实现时空弯曲的另一深层原因。日本在 1947 年普及了九年义务制教育，到了 1950 年，义务教育普及率达到 99%，领先世界。1970 年，日本高中学生的大学升学率已达 23.6%[36]，跃居世界前列。此外，日本教育的成功还在于对素质教育和全面发展的重视，为适应工业化生产和社会现代化的需要，从整体上促进了国民素质的提高。

在日本政府主导的科技和产业扶持政策下，加上完备的科技人才保障，日本制造业从基础产值到技术附加值都保持了较高增速，并助力日本在短短数十年内迅速崛起，穿越了弯曲的时空。

日本崛起后，产业联动效应持续发酵。从 20 世纪 70 年代开始，美、日、德等发达国家的产业结构重心向高技术化、信息化和服务化方向发展，纷纷将劳动密集型和低附加值产业进一步转移。同时，韩国、新加坡以及中国的香港和台湾地区，开始模仿日本模式，优化产业政策，大力吸纳、培养应用型人才，开始了出口导向型的快速工业化进程。短短数十年间，中国香港和台湾地区、韩国、新加坡经济飞速发展，经济结构剧烈变化，从第三世界直接跃进到第一世界，成就了亚洲“四小龙”崛起的神话。

以液晶显示产业为例，其发展变迁，可谓日本和亚洲“四小龙”崛起的一个缩影。上世纪 60 年代，美国 RCA 公司最早发明了液晶显示技术，并在 1968 年发布了世界上第一个液晶显示模型，其计划是开发一种“挂在墙上的电视”。不过，由于从技术转化为商品的进展相当缓慢，RCA 公司最终放弃了这项可能改变世界的显示技术，将其转让给日本。日本企业并未将引进的新技术放在主攻遥遥无期的电视机市场，而是迅速从边缘市场切入形成应用，创造性地将液晶显示技术率先用在了电子手表、计算器这样的小物件上，逐步迭代升级。在国内产业扶持政策助推下，终于迎来了第一个主流市场应用——笔记本电脑所用的液晶显示屏，由此形成规模化的液晶显示产业。历经十年“小步快跑式”的不断迭代成长，至 1990 年前后，夏普、东芝、NEC 等日本企业都具备了生产大尺寸彩色液晶屏的技术。到了 90 年代中期，日本生产了全球 95% 的液晶面板，并且形成了完整的技术产业壁垒。日本人独霸全球液晶显示市场，几乎全面挤压他国企业的生长空间。

然而，作为后进者的韩国企业抓住了一个弯道超车的机遇。1994 年前后，液晶面板产业进入了产能过剩的第一个下行周期，日本面板企业利润大减，纷纷削减产量，并且裁掉了一批优秀的工程师。韩国的三星集团用“反周期投资”逻辑，顶住巨大的亏损压力，大量招揽日本工程师，同时逆势扩充产能。至 2000 年前后，韩国三星、LG 两家公司历经十年努力，彻底赶超日本企业，成为了平板显示产业新霸主。与此同时，中国台湾企业借日韩企业激烈竞争之机，也迅速崛起。21 世纪初期，全球液晶显示产业形成韩国、日本、中国台湾企业“三分天下”稳固格局。

液晶显示产业只是国家间产业创新升级的一个例子。在汽车、新能源、半导体和生物医疗等产业，这样的追逐与超越都在不断上演。

中国大陆

从晚清的洋务运动到民国的兴办实业，有多少中国仁人志士，怀着国富民强的梦想，力图推动国家工业化，但都没有成功。新中国成立后，学习借鉴苏联的计划经济模式，再一次推进国家工业化，通过几个五年计划的努力，初步形成了一定的工业基础，但重工业过重、轻工业过轻的发展模式，无法产生经济上的规模效应，也不能明显改善人们生活，甚至像电灯、电话等最基本的家用电器也没能普及。20 世纪 70 年代末期，同日本和亚洲“四小龙”相比，中国不论科技实力、产业规模、经济体量还是社会形态，均远远落后，仿佛处在另一个遥远时空。

1978 年 12 月，在中国大陆这块古老的土地上，一个伟大的时代开始了。中国大陆的改革开放创造了人类历史上前所未有的发展奇迹。短短 40 余年里，中国几乎把英国在 1700—1900 年，美国在 1760—1920 年，以及日本在 1850—1960 年所经历的革命性经济变革，浓缩到几乎一代人的时间就实现了；世界三次产业革命约 300 年带动的社会发展，也几乎被浓缩在一场中国式的产业革命之中快速实现了。这是一次人类产业发展史上伟大的“虫洞式穿越”，从此改变了十几亿人的命运。

这一奇迹的根源就在于中国改革开放政策所创造的发展“引力场”。

改革调动了十多亿中国人民的积极性和创造力，极大地解放了生产力，推动了经济的蓬勃发展。首先是，兴办教育、培养人才。从数据层面来看，2018 年同 1978 年相比，大学本科在校学生数从 85.6 万增长到 2,831 万，职业学院在校学生数从 212.8 万增长到 1,522 万，中小学义务教育不断完善，为产业发展提供了源源不断的人才保障。在完善人才培养体制的同时，改革还发生在对科研的重视和对创新的鼓励方面。2018 年，全社会研发支出与国内生产总值之比达到了 2.18%，超过欧盟 15 国平均水平。2018 年全国专利申请总量达 4,323,112 件，为 1995 年 83,045 件的 52 倍；国际专利申请 53,345 件，位居全球第二。更重要的是，培育市场、鼓励创业。经济体制从计划向市场转型，鼓励人民创业，支持多种所有制企业共同发展，人民收入不断增加，内需市场规模不断扩大。2018 年全国社会消费品零售总额达 380,986.9 亿元，是 1978 年的 8,698.3 倍。2018 年末，中国企业数量超过 2,000 万户，是 1978 年的百倍以上[37]。同时，企业规模和竞争力不断增强。2018 年，中国进入美国《财富》世界 500 强企业达 120 家，而 1989 年仅有 1 家[38]。

开放拓展了中国人的视野，促进了国际交流与合作，让中国经济从半封闭状态转变成与世界经济融为一体。开放和市场化改革，也使中国快速进入全球产业协作体系，利用劳动力和内需市场优势，大规模承接国际产业转移，产业从劳动密集型逐步迈向资本和技术密集型，成为全球第一货物贸易大国，以及主要的投资和服务贸易大国。2018 年出入境飞机 99.7 万架次，位居世界前列。出入境人数达 6.5 亿人次，是 1978 年的 3,592 倍。货物进出口总额 46,230 亿美元，比 1978 年增长 223 倍。2018 年，吸引外商直接投资达 1,350 亿美元，对外直接投资额为 1,298 亿美元[37]，均居世界第二位。

改革促进了开放，开放又进一步促进了改革，两者相互促进，不断积累发展能量，不断增强发展“引力场”。从农业社会，穿越工业社会再到信息社会，然后又推动工业化和信息化同时进行，互相促进，从根本上改变了国家一穷二白的面貌，前所未有地促进了社会文明进步，创造了人间奇迹。2018 年中国大陆 GDP 达 91.92 万亿人民币（约合 13.89 万亿美元），位居全球第二，是 1978 年 1495 亿美元的 92.9 倍。2018 年全国人均国民总收入（GNI）达到 9732 美元，是 1978 年 190 美元的 51.2 倍。2018 年末农村贫困人口 1660 万人，比 1978 年减少 7.5 亿人，2020 年农村贫困人口全部实现脱贫。2018 年工业增加值 305,160 亿元，是 1978 年 1607 亿元的 189.9 倍。截至 2018 年末，移动电话用户达 15.7 亿户，移动网络用户总数达 12.7 亿户，网民 8.29 亿人[37]，均为全球第一。

改革开放 40 多年来，一批批创业者怀着梦想，踏上了市场化、工业化、城镇化、国际化的征程，谱写了一个个成功故事，构成中国奇迹的一个个缩影。中国的故事说明了一个事实，后发展国家或地区，若能抓住机遇，通过创业奋斗，也能实现快速增长，甚至后来居上。

印度和东南亚

中国大陆的发展，鼓舞了印度和东南亚等亚洲国家。目前，东南亚这个人口超过 6 亿、30 岁以下年轻人口占比超过 40% 的超级劳动力市场[39]（图 3-2-4），正吸引着全球制造业企业纷纷前往落户。可以发现，全球服装、玩具等小商品市场中的“中国制造”开始变少，而“越南制造”“柬埔寨制造”等逐渐增多，这正是新一轮产业转移的开端。根据世界银行的统计数据，2018 年越南和

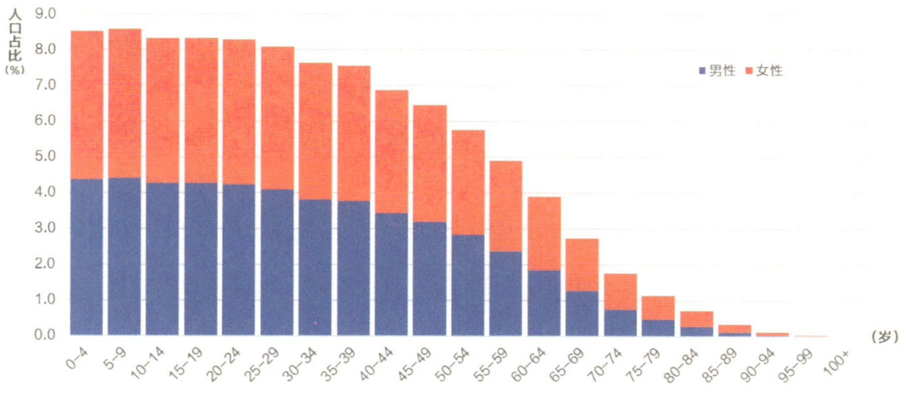

图 3-2-4　东南亚人口结构，30 岁以下年轻人口占比超 40%[40]
（图片来源：作者研究团队绘制）

柬埔寨 GDP 增速均已突破 7%，引领东南亚成为全球经济增速最快的地区。印度目前已经是世界软件代工等服务业最为重要的出口国，也是世界上非专利药品最大出口国[41]，2018 年 GDP 约 2.7 万亿美元，排在世界第七，增速高达 7.4%[26]，为全球第一。

东南亚和印度的发展，承接了中国部分产业的转移。与此同时，中国不失时机地推进产业转型升级，实现发展模式从高速增长迈向高质量增长，强化创新驱动，全面向技术密集型产业转型，积累和创造新的发展引力场，为经济可持续发展不断注入新动能，并通过全球化和“一带一路”，为促进全球经济增长贡献新能量。

第三节　创造下一次弯曲

第一次产业革命至今已近 300 年，先进者们创造了两个“弯曲的时空”，产生两次巨大的机遇能量波，引发了全球科技、产业、经济格局巨变，促使北美与亚洲的崛起。从不平衡到相对平衡，是后进者将机遇能量转化为新生产力、赶超先进的过程，产业先发国与后发国都可从中受益。从相对平衡到不平衡，是先进者不断推进科技进步和需求升级，增强引力场、创造不平衡的过程。没有科技进步和需求升级，发展就可能停滞。

日本科学史学者汤浅光朝曾有一个观察结论：每隔 80 年左右，世界科技中心即发生一次大规模转移[42]。从 20 世纪 20 年代至今，美国科技中心的地位保持了约 100 年。随着第四次产业革命演进，我们需要深刻思考，下一个全球科技和经济中心在哪里？我们还需要深刻思考，作为全球第二大经济体，中国虽然坐拥 14 亿人口，有着天然的试验田和超大规模的内需市场，但仅依靠这种人口红利是不能可持续发展的。当今中国迫切需要把科技创新摆在发展的首要位置，只有让科技创新成为经济社会发展的原动力，方能突破一个又一个临界点，成为下一次弯曲时空的创造者。中国作为世界大国，不仅要抓住发展机遇，更要担当推进人类科技进步和需求升级的责任，创造新的发展引力场，为世界经济注入新能量。

第二部分

未来产业发展的预见

第四章　硅基生命

需求和科技驱动产业发展，产业发展又催生新的需求和科技。第三次产业革命孕育的科技和需求能级促进了人工智能、生命科技和纳米技术的发展，使其成为第四次产业革命的引擎，推动人类从信息社会迈向智能社会。硅基生命形态的机器智能、碳基生命形态的生物智能、硅碳融合形态的混合智能，必将催生新物种、新生命和新文明。人类社会正在迈向前所未有的新时空。

本章讨论硅基形态的机器智能。机器智能始于1950年英国计算机科学家艾伦·图灵（Alan Turing）的提问“机器能够思考吗？”，在其后70年发展过程中，有三个方面因素起了关键作用：一是电子器件特别是半导体器件的发展。二是自动化、通信、计算机和人工智能技术的进步。三是互联网的普及应用。随着上述三个方面技术和产业的不断发展，促进了机器智能的不断进步，在某些领域已可以挑战人类智能。目前，以及未来很长时间里，机器智能系统的基础是硅基或硅基化合物半导体器件，也会有一些非硅器件，但硅基是主体。为此，我将机器智能系统定义为硅基生命系统。

第一节　概念和演进

讨论硅基生命系统的概念及其演进，离不开对人工生命的思考。人们很早在探索生命的定义与起源时，就对人工生命进行过思考，但迄今尚无一个普遍接受的答案。

人工生命的提出

1987 年，美国计算机科学家克里斯托弗·兰顿（Christopher Langton）提出“人工生命”的概念，他认为所有活生物体都能在计算机中被重建。部分科学家由此推测“生命过程是可计算的”[43]。这一思想可追溯到 1960 年数学家约翰·冯·诺依曼创建的“细胞自动机理论”，他认为生命的本质是自我复制，而细胞自动机可以实现这种复制机制。美国分子生物学家富兰克林·斯塔勒（Franklin W. Stahl）为此建立了细胞活动模型，将生化过程表示成“字符串”研究生命过程。

此后，人工生命研究，试图用计算机生成自然生命系统行为的仿真系统，去理解真实世界中的生命过程。20 世纪 90 年代，美国俄克拉荷马大学（The University of Oklahoma）教授托马斯·雷（Thomas Ray）编写了著名的计算机模拟程序“Tierra”，生成的程序为了争夺 CPU 时间和访问主内存而互相竞争，可以自我复制并在复制过程中发生一定概率的变异，而那些失败的变异则通过一个杀手程序被自动淘汰。在这种情况下，“Tierra”被认为是可“进化”的，除了能自我复制，还能“进化”出新的程序，建立一个丰富多彩的电子生态系统[44]。

随后，美国数学物理学家弗里曼·戴森（Freeman Dyson）对生命是“模拟”的还是“数字”的问题展开论述[45]，并将生命定义为一个能够获取、存储、处理以及利用信息来规划其活动的物质系统。此后，科学家们一直在改进程序，希望有朝一日创造出真正模拟生命的软件，而他们脑海中所构建的原型都是生活在地球上的生命形式。美国人造生命专家马克·贝多（Mark Bedau）将这种做法总结为“PMC”模型[46]，其中P指程序（Program），负责利用可复制且可遗传的组合信息来控制细胞过程，功能上类似于基因；M指新陈代谢（Metabolism），侧重于从环境中提取可用的能量和资源；C是容器（Container），使整个系统保持在一起，比如细胞壁。由此，研究人工生命就是创造PMC模型组件。

人工生命的初始发生，可视作为了争夺存储空间的计算机程序的某种聚合。这种“争夺”存在于以硅基半导体器件为载体的计算和存储时空之中，这似乎是硅基生命的思想萌芽。

硅基生命概念

科学家对生命的定义是：具有能量代谢功能，能回应刺激及进行繁殖的开放性系统。也就是说，判断生命的根本条件是新陈代谢和自我复制（繁殖）的能力。地球上，符合上述定义的不同生物，无论是几十亿年前的原始生命，还是亿万种动植物、微生物，他们构成生命体的大分子都包含碳元素。所以，这些生命被称为“碳基生命”。

硅基生命概念出现于19世纪[47]。1891年，德国天体物理学家儒略·申纳（Julius Sheiner）开始探究以硅为基础的生命存在的可能性。1893年，英国化学家詹姆斯·雷诺兹（James Reynolds）提出，以硅化合物为基础的生命可在高温下生存[48]。但迄今为止，地球上还没有进化出硅基生命。单靠自然进化或者希望在进化链上寻找硅基生命的可能性微乎其微。不过，伟大的人类，却在地球上创造出另一种形态的硅基生命，这就是借助计算机实现生物应有特征的人工生命。

计算机硬件发展经历了从电子管、晶体管、集成电路几个阶段。晶体管和集成电路均属于半导体器件，由于硅的储量大、生产成本低、单晶性能和稳定性好，便成为商用首选的半导体材料。目前硅基半导体器件仍是主流。

硅基半导体技术推动电子计算机的更新换代，为自动化领域带来新契机。比如建立在计算机数控系统基础上、以数控机床为代表的自动化加工设备，给传统制造业带来革命性变革。另一方面，硅基半导体技术也为通信工具的进步创造了条件，卫星通信、数字程控交换机、光纤通信系统带来通信技术的飞跃，以及形成计算机网络，将分散的、独立的计算机相互连接，使信息存储、传输和共享成为可能。自动化、计算机、通信技术紧密结合和相互融合，催生了互联网和智慧物联，促进了人工智能技术的发展，使计算机开始拥有类似人类的智能。

人的各个器官分别承载着不同信息功能[49]，感觉器官（视觉、听觉、嗅觉和触感等）承担着信息的获取，神经系统（导入、中间传导和导出神经网络）承担着信息的传输，思维器官（大脑）承担着信息的存储与处理，效应器官（手、脚、嘴等）承担着信息的施用及展示。由此，人工生命的内涵，除了新陈代谢和自我复制的能力，还应具备上述信息功能。

计算机、通信、互联网和智慧物联的一系列发展，形成的无数个机器智能系统，比如智能手机系统、智能制造系统、智慧零售系统等等。这些智能系统尽管目前还无法达到上述人工生命内涵的要求，但它们朝着这些方向加速演进的趋势是明确的，因此我依然将其称为机器生命系统。鉴于这些是以硅基半导体为基础的机器生命系统，我称之为“硅基生命系统”，它扮演人类从信息社会迈向智能社会的关键角色。

演进过程

电子器件是硅基生命演变过程的关键要素。电子器件经历了电子管、晶体管和集成电路三个发展阶段。

电子管是一种最初的电信号放大器件，在电子领域里曾发挥过至关重要的作用。世界上第一代电子计算机 ENIAC 就使用了电子管作为逻辑元件。但是，电子管元件在运行时产生的热量太多，可靠性较差，运算速度不快，价格昂贵，体积庞大，这些都限制了电子计算机的发展。

1947 年，美国贝尔实验室科学家威廉·肖克利（William Shockley）、约翰·巴丁（John Bardeen）和沃尔特·布拉顿（Walter Brattain）组成的研究小组，研制出一种点接触型的锗晶体管[50]（图 4-1-1）。但由于锗很难获取，受热之后容易变成本征态，锗晶体管逐渐被淘汰。而硅作为地球上最易提取的材料，又能和其他材料配合调制改变其电学特性，所以硅晶体管在电子工业领域受到欢迎。

由于晶体管的出现，人们就开始用这种体积小、功率消耗低的电子器件来代替体积大、功耗高的电子管。晶体管发明后首先应用于助听器，再被广泛应用于收音机，然后是电子计算机。1954 年，美国贝尔实验室研制成功第一台晶体管计算机，取名“TRADIC”，装有 800 个晶体管[52]（图 4-1-2）。晶体管代替电子管是第二代计算机的标志，它使计算机体积减小，寿命延长，价

图 4-1-1 威廉·肖克利（中）、约翰·巴丁（左）和沃尔特·布拉顿
（图片来源：AT&T）[51]

格降低。但是一个晶体管只能取代一个电子管，复杂的电子设备中仍然要用百万个晶体管，易出故障。

为了确保设备可靠性，缩小重量和体积，人们迫切需要电子器件领域的新突破。1958 年，美国物理学家杰克·基尔比（Jack Kilby）发明了包括一个双极性晶体管、三个电阻和一个电容的集成电路雏形[53]。

20 世纪中后期，集成电路很快应用于计算机制造，1964 年，IBM 公司研制出 IBM System/360 系列计算机[54]（图 4-1-3）。集成电路的应用，缓解了计算机体积、重量和功能之间的矛盾，被称为第三代计算机，特点是采用集成电路技术，把许多晶体管、电阻和电容等元件通过互联布线一起制作在硅片上。与第二代比，

图 4-1-2　贝尔实验室研制成功的第一台晶体管计算机 TRADIC
（图片来源：Bettmann-Corbis/ 视觉中国）

第三代计算机运算速度和内存容量均提高了多个数量级，同时，通用性提高，软件支持成倍增加，推动了计算机的普及。从 1970 年开始，随着大规模、超大规模集成电路的出现，第四代计算机产生。这一代电子计算机向两端发展，包括运算速度超过亿次的巨型计算机和以微处理器为核心的微型计算机。另一个特征是操作系统、应用程序等软件系统飞速发展。1981 年后，有人开始研制第五代计算机，即智能计算机，但 40 多年过去了，真正意义上的五代机尚未出现。

集成电路发展也为通信工具的进步创造了有利条件。光纤通

图 4-1-3　IBM 推出的 System/360 系列计算机
（图片来源：H.Armstrong Roberts/ClassicStock/ 视觉中国）

信在传输容量、传输速度和传输距离等方面的优势，替代了早期的铜线通信体系，成为有线通信的首选传输技术。而集成电路是光纤通信中的核心器件。

无线通信也借力集成电路技术，让移动电话成为人们生活的必备用品。作为无线通信终端的两个核心部件射频单元与基带单元，都是由集成电路构成。随着集成电路承载的无线通信功能不断完善，无线通信终端不再局限于传统语音业务，而是能满足用户多种需求。

随着微型计算机的迅速普及，计算机通信在 20 世纪 90 年代出现，以数据通信为基础，实现了不同计算机之间、计算机与其他终端之间进行信息传输。作为计算机技术与通信技术相融合的产物，计算机网络促使二者相互依赖，共同发展。

20 世纪 90 年代以后，无线通信和计算机通信的发展日趋成熟，但两者还是分离的，使用起来还是不便利，于是市场呼唤二者整合。1994 年 8 月，美国 IBM 公司推出世界上第一部智能手机 IBM Simon，没有物理按键，采用触摸屏操作[55]（图 4-1-4）。这是将无线通信和计算机通信融合为一体的初步尝试。2007 年，美国苹果公司联合创始人史蒂夫·乔布斯（Steve Jobs）发布第一代 iPhone（图 4-1-5），开启了移动互联时代。而二者成功整合的关键是集成电路、显示触控、存储等半导体器件，以及高能量密度电池等储能器件。

图 4-1-4　IBM 公司的 Simon 手机
（图片来源：Bcos47）[56]

智能手机的出现和移动互联生态的形成，进一步推动了互联网在各行各业的应用普及，由此促进了计算机、通信和自动化的进一步深度融合，以及人工智能技术的迭代进步。以 2016 年 AlphaGo 事件为标志，人类迎来从信息社会迈向智能社

图 4-1-5　乔布斯发布苹果第一代 iPhone 2G 手机
（图片来源：Kimberly White/Corbis via Getty Iamges/ 视觉中国）

会的第四次产业革命[1]。

第二节　进化的科技力量

如前所述，基于半导体器件的进步，促进了计算机、通信和自动化技术的发展，催生了互联网的应用普及，形成了硅基生命系统的雏形。与此同时，也促进人工智能、生命科技和纳米技术的进步，使其成为第四次产业革命的触发点科技，推动硅基生命系统的发展和进化。鉴于半导体器件在此过程中的基础作用，我们先从半导体器件开始讨论。

1　2016 年 AlphaGo 事件标志着人工智能（Artificial Intelligence，AI）技术将进入大规模应用阶段，我将其定位为第四次产业革命的开始。

半导体器件与集成电路

半导体器件是利用半导体材料（一种导电性介于良导电体与绝缘体之间的材料）特殊的电特性来完成特定功能的电子器件，用来产生、控制、接收、变换、放大信号和进行能量转换。电子器件早先主要是电真空器件（俗称电子管），晶体管发明后，半导体器件凭借其明显性能功耗成本等优势，快速地替代电子管成为电子器件领域的主流，目前除了少数超大功率、超高频等特殊领域外，几乎全部被半导体器件所代替。比如 CRT 显示器件被 TFT–LCD 替代就是典型案例。半导体技术还不断地向其他电子部品部件领域渗透，凭借其工艺技术优势，提升了其他电子部品部件的效率和性价比。可以预见，半导体器件不仅是第三次产业革命的引擎，在第四次产业革命中，它还将继续发挥引擎作用。半导体器件分类见图 4–2–1。

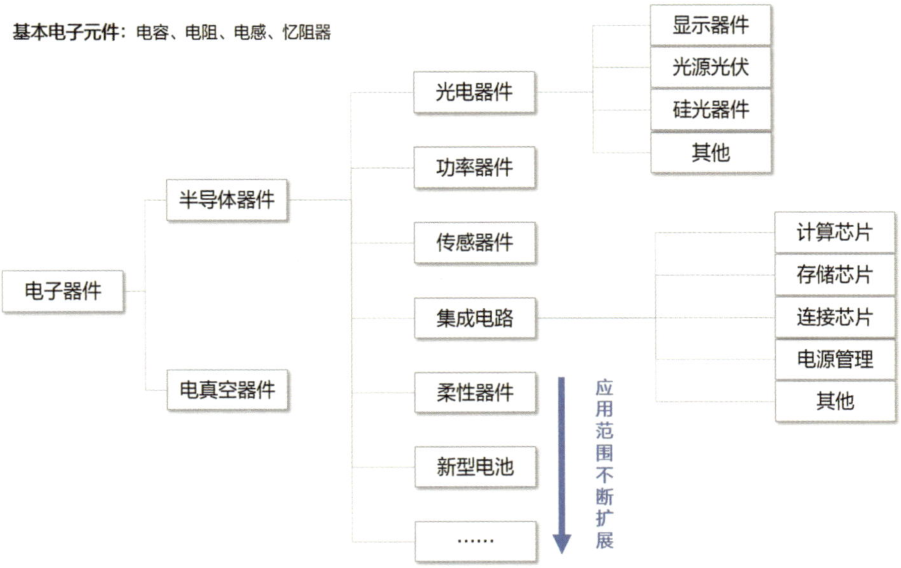

图 4–2–1　半导体器件分类
（图片来源：作者研究团队绘制）

按市场规模计算，集成电路（俗称芯片）在整个半导体器件产业中规模最大、应用领域最广、技术和投资最密集。在机器生命系统中有关感知、计算、存储、连接、能源管理等核心器件主要由其实现。按照承载的信息功能划分，芯片包括感知芯片、通信芯片、存储芯片、计算芯片、驱动芯片等等，分别实现对信息的获取、传输、存储、处理、施用及展示，如同人体的各个器官一样，还有类似于人体维生器官的电源管理芯片，实现能量的供应。再加上其他电子器件，共同构成了机器生命系统（图 4-2-2）。

从工艺方面看，CMOS（Complementary Metal Oxide Semiconductor，互补式金属氧化物半导体）工艺是现在最主流的制造工艺技术，CMOS 集成电路具有功耗低、速度快、抗干扰能力强、

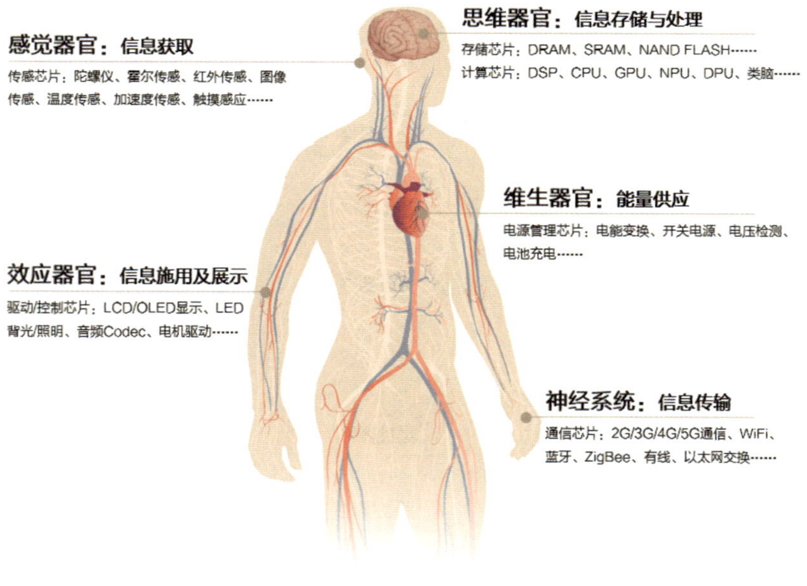

图 4-2-2　机器生命系统的芯片功能分类
（图片来源：作者研究团队绘制）

集成度高等众多优点（图 4-2-3）。

除 CMOS 工艺外，还有其他工艺制程，以满足集成电路不同功能产品的需要。例如 MEMS（Micro-Electro-Mechanical System，微机电系统）工艺，满足下至纳米、上至毫米的微结构加工。MEMS 工艺技术开辟了一个新领域，在单一或多个硅片上集成传感、信号处理、控制及驱动于一体，提高了芯片的性能及性价比。又例如，在一些高频、高压等领域，还会采用砷化镓（GaAs）、氮化镓（GaN）、碳化硅（SiC）等化合物半导体工艺。此外还有硅光工艺等等。

鉴于性能和性价比的考虑，芯片工艺尺寸一方面不断朝着缩小趋势发展，集成度不断提高，所包含的晶体管数目不断增多，从而实现更加复杂的电路和系统功能。另一方面，随着工艺能力提升，更多功能被整合到芯片中，导致每个功能单位成本降低。

早在 1965 年，英特尔公司联合创始人戈登·摩尔（Gordon Moore）就总结芯片发展规律，预言芯片上可容纳的晶体管数目，

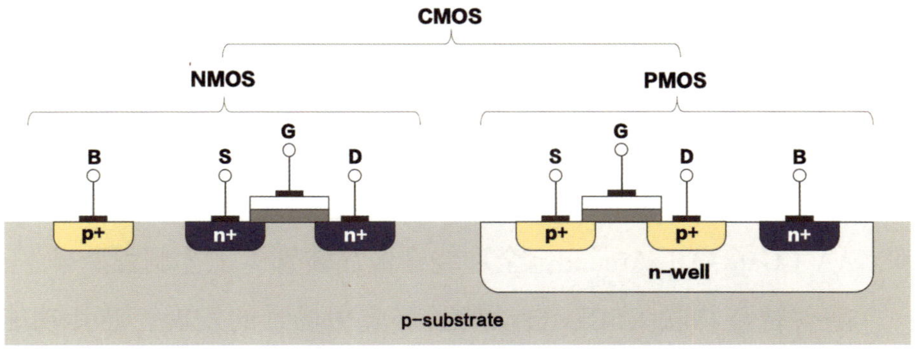

图 4-2-3　CMOS 工艺
（图片来源：作者研究团队绘制）

每隔两年会增加一倍[1]。由于集成度越高，晶体管的价格越便宜。这就是著名的“摩尔定律”（图 4–2–4）。

摩尔定律的经济学效应，主要体现在两个方面：一方面，加工基板逐步扩大，硅片尺寸呈现从 2 英寸→ 4 英寸→ 6 英寸→ 8 英寸→ 12 英寸的路径变化，未来也许会迈向 18 英寸。另一方面，加工线宽越来越细，制程节点从 10 微米到 10 纳米，通过叠层等工艺革新，一直到 7 纳米、5 纳米、3 纳米……当然，还有类似 3D，向上叠加，层数越来越多（图 4–2–5）。

半个世纪以来，芯片特征尺寸一方面按摩尔定律实现等比缩小，集成度不断提高。每次硅片直径的提升，都会使产出的芯片数量呈几何倍数增长。另一方面，在更小的芯片中塞入更多的晶体管，速度更快更省电。但是，芯片上的晶体管尺寸缩小与数量增加的速度目前正不断放缓，几乎已逼近其物理极限。而且，投资成本也越来越高，仅举光刻机一例，7 纳米工艺节点后用的 EUV（Extreme Ultra–violet，极紫外光刻）设备单台价格高达 1 亿至 2 亿美元。除少数巨头，大部分集成电路制造企业都很难负担得起。

在上述背景下，目前，集成电路的制造工艺呈现两极化发展：一是从 180 纳米到 22 纳米的成熟工艺和在成熟工艺基础上的特色工艺，如高压、高频等；二是从 16 纳米至 5 纳米及以下的先进工艺，采用 FinFET（Fin Field–Effect Transistor，鳍式场效应晶体管）和 GAA（Gate–All–Around，全环绕栅极晶体管）工艺制程。

随着智慧物联、5G、自动驾驶等应用场景的发展，芯片功能

1　业内也有 1 年或 18 个月增加 1 倍的说法。

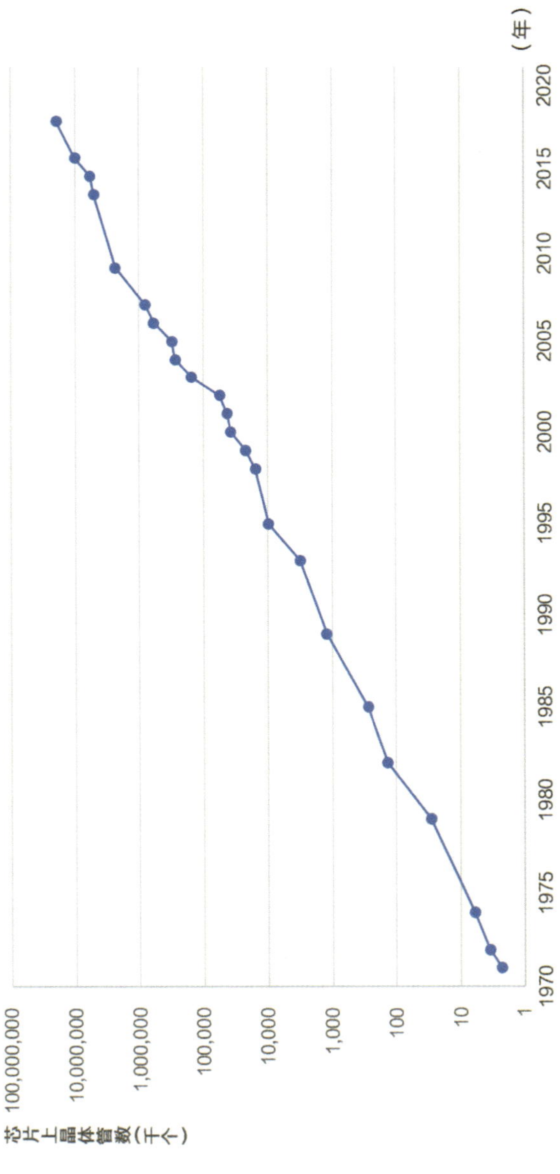

图 4-2-4　芯片上晶体管集成度沿着摩尔定律发展[57]

（图片来源：作者研究团队绘制）

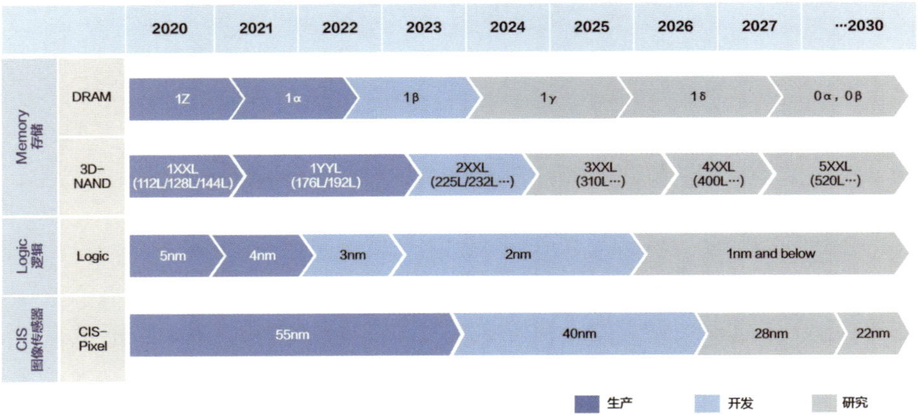

图 4-2-5 主要领域芯片的技术方向和工艺制程发展进程[58]-[60]
（图片来源：作者研究团队绘制）

整合向异构和异质集成方向发展已成为趋势，集连算、存算、感算于一体的 SoC（System on Chip，系统级芯片）和 SiP（System in a Package, 系统级封装）芯片已成为后摩尔时代的支柱。除了传统通用的 CPU、GPU 和 FPGA 以外，包括 NPU 等人工智能芯片在内的，特定应用场景的 ASIC（Application Specific Integrated Circuit，专用集成电路）芯片像雨后春笋般涌现。

比如，应用于智能物联场景的智能传感器芯片，集感知单元、通信单元、处理器单元、驱动程序、操作系统、软件算法等软硬件为一体。与一般传感器相比，感算、连算一体的智能传感器芯片更有效地整合了数据的采集、传输和处理流程，并通过软件算法修正数据采集和传输过程中的各种误差，大大提高了数据处理的效率和精度。又比如，侧重于承载计算功能的 AI 芯片，除了以 GPU、FPGA、ASIC/NPU 等各种形态以外，还有诸如类脑芯片的前沿性研究。AI 芯片从通用向专用发展，大幅加快了人工智能算法模型的训练速度。为了提供更快的响应，

AI 芯片从云端向靠近数据源的边缘位置以及端侧设备转移，部署到每一个边缘计算节点。甚至实现计算存储一体化，直接在内存上做计算。芯片不断赋予硅基生命自主学习能力，使其不断逼近人工生命内涵。

芯片的功能整合向异构、异质集成方向不断演进，一方面，芯片上晶体管尺寸缩小和数量增加的速度，已接近物理极限；另一方面，5 纳米工艺节点出现之后，对于某些应用场景的芯片产品，摩尔定律的经济学效应似乎已不再奏效。后摩尔时代悄然来临，学界和业界从不同材料、器件结构和工作原理等方面进行探索，给出了未来的方向，即延续摩尔（More Moore）、扩展摩尔（More than Moore）、超越摩尔（Beyond Moore）、丰富摩尔（Much Moore）等等（图 4-2-6）。

延续摩尔，就是沿着摩尔定律继续推进，延续硅基 CMOS 工艺的基本思路，在器件结构、沟道材料、连接导线、高介质金属栅、架构系统、制造工艺等方面，持续推进结构优化和工艺微缩的创新研发。

扩展摩尔，就是跳出硅基板，从封装乃至板卡系统角度思考效率问题，即将不同功能的芯片和元件组装拼接在一起封装，追求系统效率的最优化。通过电路设计及系统算法优化，实现芯片功能的多样化，不再把更多模块放到同一块芯片上，而是采用 SiP，包括 3D、FO-PLP（Fan-Out Panel Level Package，扇出型面板级封装）、异质封装、Chiplet[1] 等多种新型封装技术来

1　Chiplet 技术是 SiP 的一种封装形式。这一技术像搭积木一样，将生产好的、可实现特定功能的芯片裸片（die）集成封装在一起，形成一个系统芯片。Chiplet 还有一个含义，指构成 SiP 系统芯片的这些基本的裸片。从这一意义来讲，Chiplet 也是一个新的 IP 重用模式。

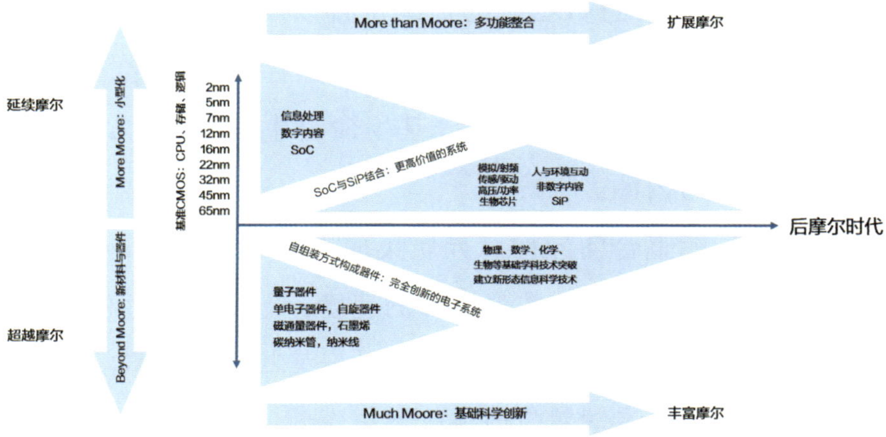

图 4-2-6　后摩尔时代集成电路发展路径示意

（图片来源：作者研究团队绘制）

提高集成度，实现系统最优化之目的。这种技术是扩展摩尔的重要支柱。当然，后摩尔时代 SoC，特别是各种嵌入式组合设计的 SoC 技术路线将长期处于市场主导地位。以芯片性能、功耗、面积、成本以及新一代技术进入市场的时间（Performance, Power, Area, Cost, time to market, PPACt）作最优化平衡，发挥 SiP、SoC 以及两者结合的优势，将是集成电路产业发展的一个重要趋势。

超越摩尔，就是采用硅基 CMOS 以外的新技术发明制造新型器件，研究的切入点包括状态变量、材料、器件结构、数据载体，单电子晶体管、自旋场效应管、量子元胞自动机等。量子器件、自旋器件、磁通量器件、碳纳米管或纳米线器件等能够实现自组装的器件，是超越摩尔方向研究的热点。

随着晶体管尺寸的缩小，源极和栅极间的沟道也在不断缩短。当沟道缩短到一定程度时，晶体管中的电子就通过隧道效应而穿透绝缘层，使晶体管失去开关作用。电子隧穿无法被阻止，这一现象正在被工程师们用于设计基于量子力学原理的新型器件，比如隧道场效应晶体管。

关于量子器件，在通信和传感领域已经开始应用。在计算领域，其进步速度也很快，有量子门式、量子退火式等多种实现方案，基于硅的量子计算机也在研制中。比如澳大利亚新南威尔士大学（The University of New South Wales）的研究团队制造的三维硅量子芯片[61]，这是大型量子计算机发展的一个里程碑。在2019年美国物理学会上，IBM提出量子摩尔定律的概念，即为了实现量子优势，量子体积（Quantum Volume）需要每年至少增加一倍。

丰富摩尔，就是在微纳电子学、物理学、数学、化学、生物学、计算机技术等领域学科高度交叉和融合的背景下，集成电路理论和技术的加速创新突破。目前只处于想象阶段，并没有取得有效进展。

2017年，一位名叫修黎明的科学家同事跟我讨论从时钟发生器出发，提出通过任意频率产生和切换，实现电子系统效率的优化。摩尔定律的经济学效应主要体现在芯片和电子系统的空间效率上，而这位科学家的思路是从时钟的角度思考，我研究了一番，觉得有点意思，就建议他将其称作“时间摩尔”（Time Moore）。后来他在《IEEE固态电路期刊》（*IEEE Solid-state Circuits Magazine*）发表的相关论文，被多次引用。

总之，当前集成电路产业正处在深刻变革的前夜，这也恰是科学家和工程师们发挥想象力、大展身手的机会。上述理念中，跳出在硅片上晶圆制造的思维定式，将芯片效率放到晶圆制造、封测、板卡乃至整个电子系统上考虑，比如 Chiplet 和 SiP 这样一种思维方法，被业内越来越多从业者采用。随着上述新理念、新方法的应用，继成熟工艺和先进工艺后，集成电路制造的“第三极”将应运而生。

从半导体器件分类图可看出，除集成电路外，还有光电器件、功率器件、传感器件等其他半导体器件。它们都是硅基生命系统不可或缺的基础。就如集成电路领域的摩尔定律一样，在这些半导体器件领域，以及信息通信领域，还有其他重要定律在驱动着硅基生命系统相关产业的进步。比如计算机领域的贝尔定律、主干网领域的吉尔德定律、互联网领域的梅特卡夫定律、半导体照明领域的海兹定律、计算能耗方面的库米定律，以及显示领域的王氏定律等等[1]。

这些定律不仅仅是对过去经验的总结，更是对发展趋势的一

1　贝尔定律：戈登·贝尔（Gordon Bell）于 1972 年提出，指每 10 年计算机架构、网络和界面将发生重大变革，从而使系统价格大幅下降。

吉尔德定律：乔治·吉尔德（George Gilder）于 20 世纪 90 年代提出，指在未来 25 年，主干网的带宽每 6 个月增长 1 倍，12 个月增长 2 倍。其增长速度是摩尔定律预测的 CPU 增长速度的 3 倍，并预言将来上网会免费。

梅特卡夫定律：乔治·吉尔德于 1993 年提出，用以太网发明人罗伯特·梅特卡夫（Robert Metcalfe）姓氏命名，指一个网络的价值等于该网络内的节点数的平方，而且该网络的价值与联网的用户数的平方成正比。指出一个网络的用户数目越多，整个网络和该网络内的每台计算机的价值也就越大。

海兹定律：罗兰·海兹（Dr. Roland Haitz）于 2003 年提出，指每 18-24 个月 LED 亮度约可提升 1 倍，而每经过 10 年，LED 输出流明则提升 20 倍，同时，LED 的成本价格将降至 1/10。

库米定律：乔纳森·库米（Jonathan Koomey）于 2011 年提出，指每隔 18 个月，相同计算量所需要消耗的能量会减少一半。

王氏定律：本书作者于 2010 年提出，指若保持价格不变，显示产品性能和技术保有量每 36 个月须提升一倍以上，目前这一周期正在缩短。

种分析预测。它们分别与计算性能、网络带宽、网络规模、能源效率、显示性能等相关，涉及信息的处理、传输及展示，一定程度上也揭示了硅基生命的进化速度。

当下还有一个重要现象，就是半导体技术正在向新的应用领域渗透，通过跨界融合，触发更多创新。例如电池，电子科技大学（University of Electronic Science and Technology of China）材料和能源学院向勇教授曾告诉我，他的一位国际同行应用半导体技术，在实验室做出了能量密度达到 27000 Wh/Kg 的电池，是目前动力电池 300 Wh/Kg 的 90 倍。传统锂电池采用液态电解质，未来可能开发全固态电解质。固态电池的正极发展方向是从减钴到无钴，而负极发展方向将是加硅，硅的含量会逐步提升，甚至是全硅。未来也许智能固态高密度电池会纳入半导体器件的一个新分支。

也许有人会问，在后摩尔时代，以硅为代表的传统半导体材料正在面临严峻的挑战，受制造工艺的限制，硅基半导体技术的发展已到极限，是否可能出现硅的替代品？

我认为，判断某种材料能否成为人造系统的主要材料，需要从以下五个维度分析：

一是可获得性，即该材料在地球上容易获得；二是能量转换效率，即该材料具备促使不同能量之间转换的能力，且转换效率足够高；三是环保性，即开发该材料不会造成环境污染；四是稳定性，即该材料性能稳定，且不随着时间或环境的变化而退化；五是开发成本，即开发该材料具有经济价值。

从以上维度判断，用硅材料作为半导体器件的基础材料在较长时间内仍是最优的选择。当然，化合物半导体，诸如砷化镓、氮化镓、碳化硅等半导体器件也将逐步被广泛应用。随着技术的进步，诸如以碳纳米管等碳基材料为基础的半导体器件也会被大量应用。但是，以硅材料或在硅片上掺加其他材料制成的半导体器件，在较长时间内仍是主流。我梳理了半导体基础材料发展演进示意图（图 4–2–7），供大家参考。

业界一般将锗（Ge）和硅（Si）称作第一代半导体，将砷化镓、磷化铟（InP）等称作第二代半导体，将碳化硅、氮化镓等称作第三代半导体。第二、第三代可统称为化合物半导体。需要说明的是，第一、第二、第三代半导体之分是按出现和应用时间先后划分的；是根据不同半导体材料有其独特物理特性优势，在性能和成本方面，有各自适用的应用领域，从拓宽和丰富半导体技术应用而考虑的。它们之间不是代际替代关系，而是相互促进、相互补充、共同发展的关系（图 4–2–7）。

集成电路制造的基础是材料和工艺，工艺能力主要体现在装备上，材料和工艺装备，都是非常复杂的。我国第一块集成电路诞生的时间同国际上其实是相差不多的，60 多年过去了，我们整体上和海外的差距仍然很大，主要还是材料和装备能力的差距。

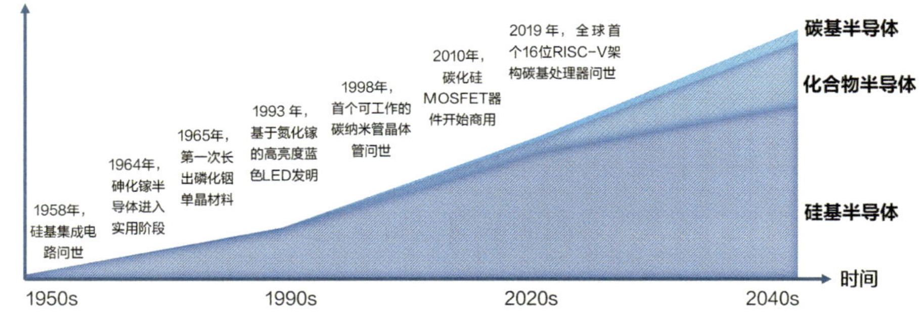

图 4–2–7　半导体基础材料发展演进示意
（图片来源：作者研究团队绘制）

集成电路材料的基础是精细化工，装备的基础是精密制造。我国目前在精细化工和精密制造这两个方面都较弱，只有补上这两个短板，才能支撑集成电路产业的发展。

从宏观制造到微观制造

晶体管发明是人类制造业的一个转折点。在此以前，人类加工制造精度最高的是微米级，通过人眼，或稍微借助普通显微镜就可以检测，属于宏观加工制造范畴。晶体管发明后，人类加工制造进入了微观时代，现在的精度已经到了纳米级，已逼近原子级（硅原子直径约 0.25 纳米）。可以毫不夸张地说，晶体管问世 70 多年来，人类开启了制造能力的新纪元。它促进了半导体技术蓬勃发展，推动了电子计算机、通信工具的革命性进步。而且，半导体技术通过向存储、光源、光伏、显示、传感、电池等各细分领域的渗透，给这些领域的技术能级带来了质的飞跃，推动了人类社会前所未有的进步，硅基生命系统逐渐成型，为人类迈入智能社会打下了基础。我们还可预见，随着微观加工精度无限逼近原子级，材料的物理特性将会发生根本性变化，颠覆人们目前对制造的认识，在多个领域将实现技术和产品质的飞跃，引领人类社会文明进步。

制造能级的飞跃，促进了人工智能、生命科技和纳米技术的融合和发展，就像前几次产业革命的蒸汽机、电力装置和计算机通信技术一样，成为人类第四次产业革命的触发点科技。在其驱动下，硅基生命系统将实现从雏形到成熟、继而持续进化，这是第四次产业革命的一个重要特征。

自动化、通信、计算机和人工智能

如果说半导体器件和集成电路是推动硅基生命系统发展的基础性技术因素，那么自动化、通信、计算机和人工智能技术的进步，则是硅基生命系统快速进化的直接因素。自动化、通信、计算机和人工智能紧密相关，互相促进。我按时间顺序对自动化、通信、计算机和人工智能的发展脉络做了梳理（图 4-2-8）。

图中可以看到，从 1788 年瓦特改良蒸汽机开始，自动化技术最先发展起来（当然，如果从农业社会算起，风车、水磨以及传说中的诸葛亮发明的木牛流马要更早），接着依次是发电机、摩尔斯电码、电子管、无线电台、计算机、晶体管、人工智能概念的提出和集成电路的发明，直到个人计算机、手机、互联网、智能手机和移动互联网。

自动化、通信和计算机技术的发展，催生了人工智能；而人工智能技术的进步反过来促进自动化、通信和计算机技术的进一步发展。它们之间相互组合、相互融合、相互促进，共同发展。这四者之间的发展是紧密相关的，推动了人类历史上的三次产业革命，使人类社会从农业社会进入工业社会，进而迈入信息社会，孕育出硅基生命系统的雏形。

计算机、手机等一些电子设备初步呈现出“生命”的某些特征，但还明显存在不足。以计算机为例：虽然具有一些“智能”功能，但还不能进行人类头脑最普通的思维活动，诸如联想（根据某一信息，从记忆中取出其他有关信息的功能）、推论（针对所给的信息，对未知问题进行推理得出结论的功能）、学习（对应新问题，能够高度灵活进行记忆的功能）等。此外，计算机虽然在

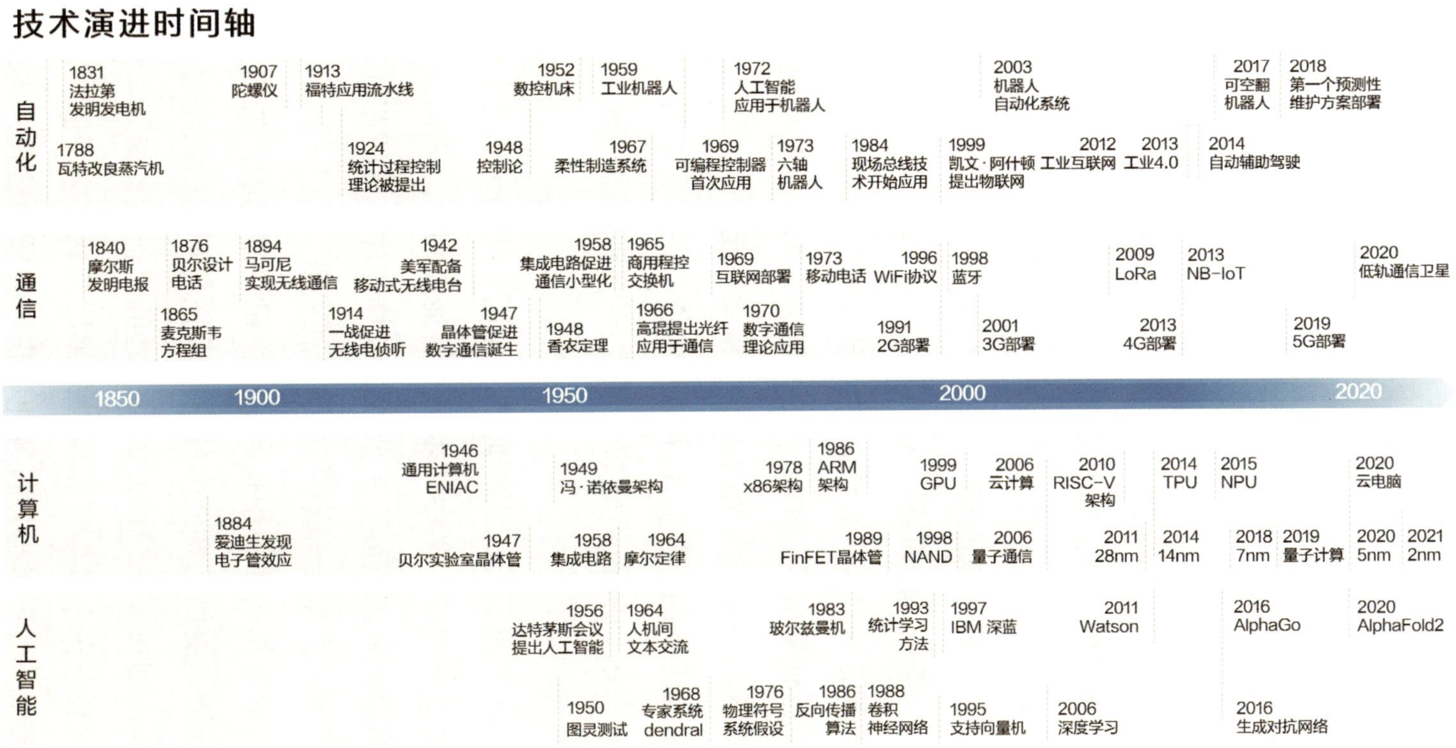

图 4-2-8　自动化、通信、计算机和人工智能技术演进脉络示意

（图片来源：作者研究团队绘制）

一定程度上能辅助人类的脑力劳动，但还需要由专家用计算机懂得的特殊“程序语言”与人类进行交流。还有，计算机缺乏社交与情感能力，以及真正的创造力。它们无法具有类似人一样的高层次智能，也很难期望自然的人机交互，更不能发自内心去抽象、发散，做出真正 0 到 1 的创新。

人们开始设想和研制下一代计算机：在功能方面从以计算为主过渡到以联想、推论和学习为主，处理对象从以数据为中心过渡到以知识为中心，工作方式应对用户更为“友好”，即用户可以使用语音、情感等多种方式与它进行交互。到那时，计算机或许会更名为“某某智能机器系统”。

人工智能的发展，会让上述“智能机器系统”逐步变为现实。人工智能是计算机应用的一个自然延伸，其目标是使机器表现出人类的智慧，并模拟人类的思维过程和智能行为。人工智能是硅基生命系统进化的引擎，未来这种叫作“某某智能机器系统”的硅基生命系统，将在不同的领域胜任甚至超过人脑才能完成的工作。

图 4–2–9 是目前人工智能技术应用的结构化示意。从下往上依次是基础技术层、平台技术层和智能应用层。基础技术层，提供计算能力、数据资源，主要通过计算芯片、传感芯片等硬件设施和云平台、大数据平台等软件设施实现；往上是平台技术层，涵盖各类学习算法和通用技术，包括赋予感知能力的语音识别和计算机视觉、提供认知能力的自然语言理解和知识图谱、提供决策能力的规划决策系统以及提供行动的机器人系统等。每个通用技术方向又有多个具体子技术。最顶层是智能应用层，涉及人工智能基础和平台技术与各行各业知识、经验的结合，实现行业细

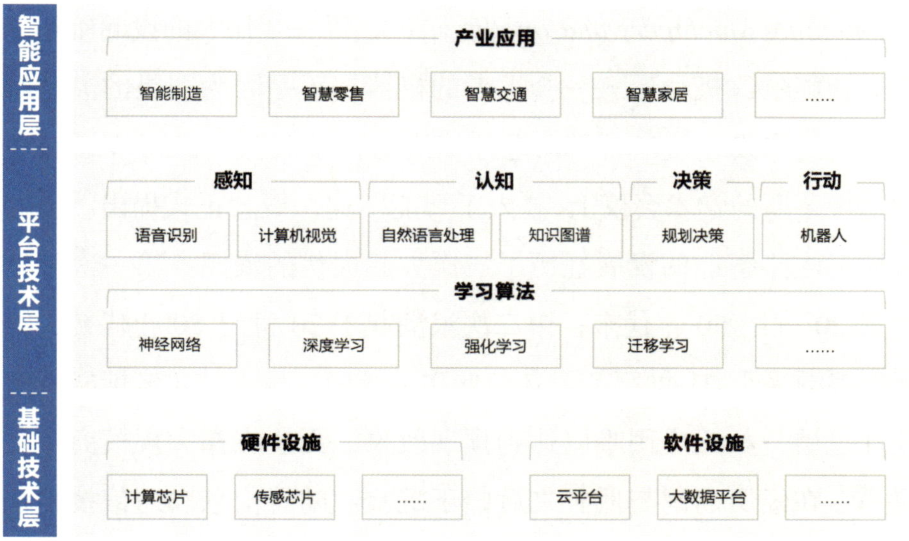

图 4-2-9　人工智能技术应用结构
（图片来源：作者研究团队绘制）

分领域的智能化应用。

然而目前的应用只是初级的，人工智能技术的实质性应用才刚刚开始，后面的路仍然很长。看清未来的路，我们需要回顾人工智能的发展历史。

人工智能和人类智能

70 多年前，艾伦·图灵提出一个伟大的哲学命题：机器能够思考吗？（Can Machines Think？）这一命题产生于工业革命之后、信息革命之前，以蒸汽机、内燃机、电动机等机器为驱动的工业革命延伸了人的肢体，增强了人类的力量。由此，自 20 世纪 40 年代电子计算机发明后，人类开始梦想让机器拥有类似人类的智能，以机器的智能拓展人类智力所能创造的价值。图灵构建了多用途计算机的设想，他在 1950 年发表了著名论文《计算机器与智能》

（*Computing Machinery and Intelligence*），以一个伟大的设问阐述了机器智能的终极目标——会思考的机器！正是因为图灵的灵感给全人类的启发，这一哲学命题才演进为科学概念。1956 年，在美国达特茅斯的学术会议上，“人工智能”这一概念正式提出。自此以后，人工智能的发展经历了三次大起大伏的浪潮：第一次浪潮始于 20 世纪 50 年代末；第二次浪潮起于 20 世纪 80 年代初；第三次浪潮兴于 21 世纪初。在前两次浪潮中，由于技术未能实现突破性进展，相关应用难以达到预期效果，无法支撑大规模商业化应用，在经历高潮与低谷之后归于沉寂。随着信息和通信技术快速普及，特别是半导体技术的进步，人工智能迎来了第三次高速成长。三次浪潮以后，以 2016 年 AlphaGo 事件为元年，人工智能成为产业革命的触发点科技，进入实质性应用发展阶段（图 4-2-10），也标志着人类迎来了第四次产业革命。

从 17 世纪法国哲学家勒内·笛卡尔（René Descartes）提出的“有灵魂的机器”，德国哲学家戈特弗里德·莱布尼茨（Gottfried Leibniz）设想的“思维机器”，到 1956 年科学家们正式提出“人工智能”概念且沿用至今，从哲学到科学，继而到应用，跨越时空 300 年。

从 20 世纪 50 年代末至今，人工智能研究者一直通过计算机模拟人类的智能，用人工的方法来延伸和扩展人类的智能，让机器辅助甚至代替人们实现智能行为。当下，众多智能算法被写进功能部件当中，催生很多智能化产品，如扫地机器人、智能手机、智能音箱等。以智能手机为例，芯片、传感器、显示屏、操作系统、应用程序等赋予其对信息的获取、传输、存储、处理、施用及展示的能力，功能和交互属性更加丰富，拍照时自动识别不同

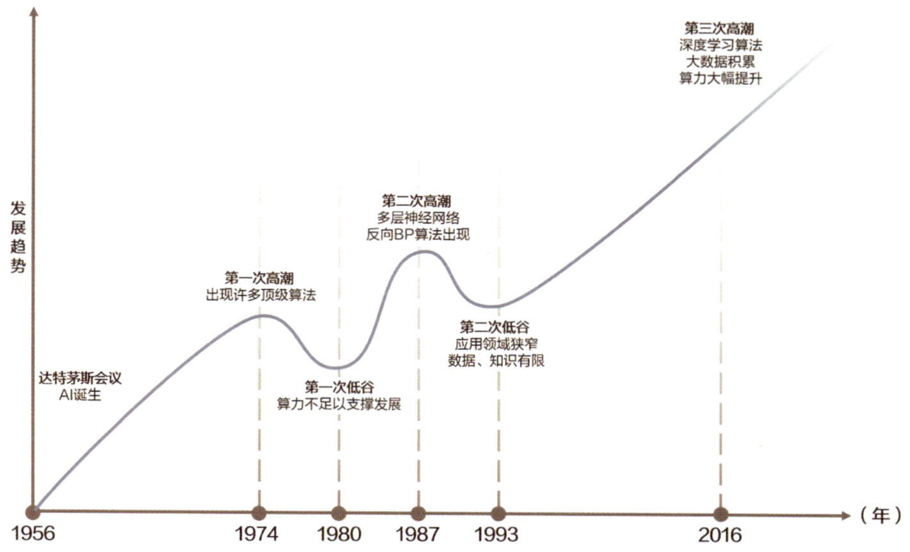

图 4-2-10　人工智能技术研究发展进程
（图片来源：作者研究团队绘制）

场景、支付时完成人脸识别验证、通过语音与人类进行对话等等，似乎呈现出一个硅基生命系统的雏形。尽管如此，这种人工智能仅能处理某个特定任务，解决某些特定问题，远达不到模拟人脑思维的程度。

对于人工智能，人们始终存在一种矛盾的心理纠结：既对于实现甚至超过人类水平的机器智能充满期待，又不想让人工智能替代人类智能。很多人甚至担心远超人类大脑的“超级人工智能”会威胁到人类对地球的主宰地位。

但即便如此，还是有人对此是充满乐观的。我曾经与美国加州大学伯克利分校的人工智能专家斯图尔特·罗素教授讨论过人工智能与硅基生命。他的观点是：没有智能，就没有文明。通过获得更多的智能，我们可以拥有一个更好的文明。从宏观角度看，人工智能几乎将影响生活的方方面面，致使商品和服务的可用性大幅增加。他甚至说，仅靠人类科学家不可能实现的未来科学突破，人工智能可以实现。不过，他也提到，如果我们失去对它的控制，不论是有意还是无意，一种不安全的超人类人工智能可能会给人类带来风险[62]。我基本赞同他的观点。我也在本书中强调，人工智能是第四次产业革命的触发点科技和引擎，至于负面影响的方面，我们在后面章节讨论。

艾伦·图灵在发出那个伟大设问后，他对人工智能给出了评价准则，即著名的“图灵测试”。图灵测试是在测试者与被测试者（一个人和一台机器）隔开的情况下，由测试者通过一些装置向被测试者随意提问。在经过 5 分钟交流后，如果有超过 30% 的测试者不能区分出哪个是人的回答、哪个是机器的回答，那么这台机器就通过了测试，被认为具有人类水准的智能。

不过，即使机器能正确地回答问题，但如果它对问题没有任何理解，机器实际上并不具备真正的智能。美国哲学家约翰·希尔勒（John Searle）在 1980 年提出“中文屋”问题，他从图灵测试的反面思考“智能”的本质：如果测试者借助中英文对照手册，即使他不懂中文，也能回答中文问题。这个假设的意图是揭示“智能”与“意识”的关系。

无论是图灵测试还是中文屋问题，默认的隐含条件是智能即人类的智能，而人工智能是对人类智能的模仿。那么，人类智能与人工智能的界限在哪里？

根据美国心理学家霍华德·加德纳（Howard Gardner）提出的多元智能理论[63]，人类智能分为八个范畴：

1. 语言智能：有效地运用口头语言或文字表达自己的思想，

能够用言语思维，表达语言内涵，并运用自如。

2. 数学逻辑智能：有效地计算、测量、推理、归纳、分类，并进行复杂数学运算。

3. 空间智能：准确感知视觉空间及周围一切事物，并能把感觉到的形象以图画的形式表现出来。

4. 身体运动智能：善于运用整个身体来表达思想和情感，灵巧地运用双手制作或操作物体。

5. 音乐智能：敏锐地感知音调、旋律、节奏、音色等，具有较高的音乐表演、创作及思考的能力。

6. 人际智能：察觉他人的情绪、情感，体会他人的感觉、感受，辨别不同人际关系的暗示，并做出适当反应。

7. 自我认知智能：具有自知之明，喜欢独立思考，据此做出适当行为。

8. 自然认知智能：善于观察自然界中的各种事物，发现和辨别事物之间的细微差别。

由此看来，智能不是简单的某种能力，每个人身上都同时存在着上述智能，只是以不同方式、不同程度组合而存在。但是，“学习”、“理解”和“行动”是智能的基本要素。

人工智能研究者希望通过计算机模拟人类的智能，让机器辅助甚至代替人类实现智能行为。简单来讲，会计算的机器只能帮助人类完成繁杂的计算任务，结合感知能力之后，机器可以取代人类做很多重复的劳动。如果机器具备认知能力，可以独自分析和思考，就能模仿人类从事更多智力型劳动。

基于对“智能”本质的理解，人工智能可以定义为用人工的方法来模仿、延伸和扩展人类的智能，最终实现甚至超过人类水平的机器智能。由此推断，硅基生命本质上就是人工智能系统。

人工智能按照智能级别的高低可划分为三个阶段[64][65]：

1. 弱人工智能（Artificial Narrow Intelligence，ANI）：专注于单一领域，在这一领域可以超过人类智能水平，但不具备意识与推理能力。

2. 强人工智能（Artificial General Intelligence，AGI）：可以通过图灵测试，在多个领域达到或者超过人类智力表现，具备初步意识。

3. 超级人工智能（Artificial Super Intelligence，ASI）：在所有领域均远超过人类智能。

人工智能并非简单的“人类智能数字化”。在弱人工智能阶段，拥有 ANI 的硅基生命仅适用于解决某个具体的问题，看似智能，并非真智能，更不具备自主意识。典型的例子是，2016 年由谷歌旗下 DeepMind 公司开发的 AlphaGo，在与围棋世界冠军李世石进行的围棋人机大战中，以 4:1 的总比分获胜[66]。然而 AlphaGo 只会下围棋，其设计目的、技术架构、实现方案，都是围绕着下围棋。由于仅处理某个特定任务的具体问题，达不到模拟人脑思维的程度，所以 ANI 仍属于“工具”。

在强人工智能阶段，AGI 划分为两类型：一是类人的人工智能，即机器的思考和推理就像人的思维一样；二是非类人的人工智能，即机器产生和人完全不一样的知觉和意识，使用和人完全不一样的推理方式。拥有 AGI 的硅基生命具备知觉、思维、情感和自我意识，可以不需要任何训练就能做出决定，而且决策是基于它们自己的学习，它们在很多方面都能像人类一样得心应手。但 AGI 离我们还很遥远，短时间内很难实现。

拥有 AGI 的硅基生命，我们从一些科幻作品中可以略见一斑。比如，在电影《超能查派》（*Chappie*）中（图 4-2-11），世界上第一个自我觉醒的人工智能机器人查派，他什么知识储备都没有，意识与一个初生婴儿没有差别。在拥有自我意识之后，查派凭借其高速的学习能力，人类想让它成为什么，它就能变成什么。最后，查派还用意识上传和下载的方式实现了生命的延续。

图 4-2-11 《超能查派》剧照
（图片来源：ALPHA CORE/COLUMBIA PICTURE/LSTAR CAPITAL/MEDIA RIGHTS CAPI/ALBUM/ 视觉中国）

在更远的将来，超级人工智能阶段终将会到来，那时候 ASI 将全面超越人类智能。牛津大学（University of Oxford）人类未来研究院院长尼克·波斯特洛姆（Nick Bostrom）把 ASI 定义为“在普遍的认知领域中，表现出远远超越目前最聪明的人类头脑的智能”[67]。并且，其分为三种形式：高速超级智能、集体超级智能和素质超级智能。其中，高速超级智能可以完成人类智能完成的所有事，但速度比人类快若干个数量级；集体超级智能是通过整合大量小型智能，实现卓越性能；素质超级智能至少和人类大脑一样快，但聪明程度与人类相比有质的超越。我认为，他的观点有助于我们理解人类和智慧生命的未来，但 ASI 不会仅仅局限于这三种形式。它们之间还可以相互促进和转化，任何一种形式的超级智能都可以开发出创建其他形式所必要的技术。拥有 ASI 的硅基生命将会全面胜于人类，甚至比人类强万倍。

物联网、大数据和人工智能

物联网（Internet of Things, IoT）的概念，是 1999 年由麻省理工学院自动识别中心创始人凯文·艾什顿提出的。我和艾什顿先生曾多次就物联网进行讨论[68]-[71]。在他看来，很多人混淆了物联网的概念，例如智能的葡萄酒瓶与手机 App 相连，告诉我们是否已经喝醉，这只是它的功能，没有太大意义，不能称之为物联网。真正的物联网是利用传感器收集应用场景的数据，通过互联网进行传输，以及分析数据之后做出一些决策，最终把数据变成某种行动，解决有实际意义的问题。

互联网是通过计算机、手机等设备将人联网，而物联网实质上是互联网的外延和扩展，将所有普通物体纳入互联互通的网络，成为数据交互的端口。物联网的基础仍然是互联网，但其扩展到将任何人与人、人与物、物与物之间联网。

物联网是一个需要众多企业参与的生态系统。我在 2016 年提出“芯屏气 / 器和”概念。就是希望通过全球不同领域伙伴的携手合作，将这一物联网系统建立起来。“芯”是指具有感知、通信、存储、计算、控制等功能的芯片；“屏”是指具有人机交互功能的显示屏或其他电子器件；软件和内容是无形的，如同空气一样存在或被传送；各类功能器具或物件是人与物、物与物信息交互的接触点，加上芯、屏和“气”，进行功能整合和应用重塑，进化为物联网信息交互的入口和节点。物联网就是根据不同行业的场景，将相应功能的芯片、显示屏或其他电子器件、软件和内容，与相应应用场景的功能器具或物件和谐地组合起来，形成一个人与人、人与物、物与物相连的价值创造系统。每一个细分的物联网应用场景，都可以创造出新的企业形态和就业机会。所以，我把这一新系统及其形成过程称为“芯屏气 / 器和”（图 4–2–12）。这是一个宏大的需要全社会协同的系统工程，是人工智能应用的具象化，是硅基生命系统的一种应用形态。

物联网系统包含的核心技术要素有云计算、数据采集并互联互通的智能设备、海量数据的分析和传输等。人工智能技术融入物联网后，物联网系统才迎来了实质性发展。人工智能再度蓬勃而起并非偶然，这取决于三个因素：一是半导体和集成电路器件的进步，提供了更强大的算力，包括信息收集、存储、传输和处理的能力。二是更先进的算法，大大提升了解决问题的精度和效率。三是海量的数据，加快了算法和软件的迭代升级。而物联网、大数据等技术为人工智能的商业应用和价值创造提供了基础，人工智能的进步也为物联网和大数据的普及提供了引擎。人们已把人工智能与物联网两个词连在一起，称之为“智能物联网”，即AIoT。

智能物联网所催生的硅基生命不仅是计算机、手机等智能设备，未来还将不断扩展至诸如电视机、洗衣机、汽车、可穿戴设备，甚至衣服鞋子等日常用品，还有大型机器和系统的部件，比如飞机引擎或石油钻机等，实现万物智能互联。万物智能互联的结果，就是数万亿计的智能设备在产生数据；用户在享受连接带来便捷的同时，无形中也贡献出各种数据；各行各业通过分析利用这些数据，推动行业技术的进步、生态的进化和价值的创造。物联网技术的演进及催生的新业态，又吸引大量用户积极参与，实现数据“产生、使用，新数据再产生、再使用”的大循环。数据资产已成为各行各业的核心资产。

我曾经同美国的人工智能产业专家苏珊·艾琳格以及我的同事

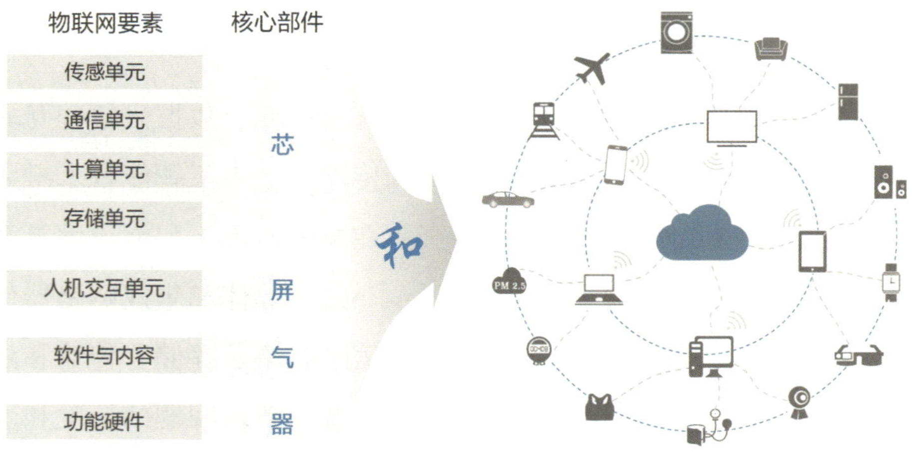

图 4-2-12　芯屏气 / 器和的物联网生态
（图片来源：作者研究团队绘制）

姜幸群博士讨论人工智能与物联网、大数据之间的关联，我们提出了一个比喻：人工智能加云计算是人的大脑，物联网是具备行动能力的肢体，传感器是五官，而数据就是粮食。物联网通过抓取数据，不断拉动人工智能和云计算技术的进步，而人工智能和云计算的进步不断强化其大脑的思考能力，反过来推动物联网向各行各业渗透（图 4-2-13）。所以，物联网的价值链是，通过传感器捕捉数据，并把数据传送到互联网上，通过人工智能、云计算相关算法分析数据，从中提取有价值的信息，进而帮助人们更好地决策和执行。

从已知数据的自动化处理到未知数据的获取和优化，人工智能技术大大提升了原有的数据处理能力。我认为，这集中体现在数据、算力和算法三个方面的相辅相成：第一，建立有效的数据管理体系，持续改进数据质量；第二，高性能硬件组成的强大计

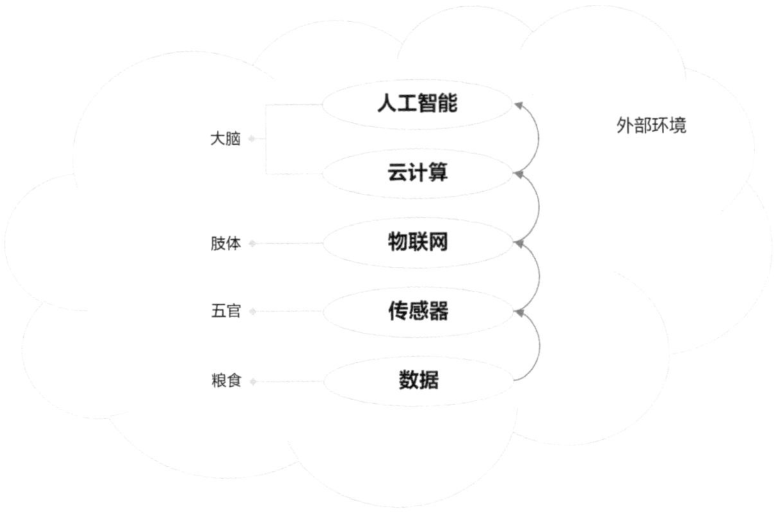

图 4-2-13　人工智能与物联网、大数据间的关联
（图片来源：作者研究团队绘制）

算能力，以超高速度和效率挖掘数据价值；第三，设计更智能的算法，模仿实现人类的一些智能。

算法作为挖掘数据智能的有效方法，也是硅基生命得以进化的关键所在。大数据环境持续推进算法模型的应用，深度学习成为推动人工智能发展的焦点。加拿大多伦多大学（University of Toronto）教授杰弗里·辛顿（Geoffrey Hinton）2006 年最早提出深度学习的概念[72]，打破了人工神经网络难以训练的僵局，提高机器自学习的能力。

对所谓“深度学习”的简单理解是，在输入层与输出层的中间，有不止一层隐藏层神经元的神经网络计算。深度学习减少了手工提取特征的步骤，从原始数据中自动学习与任务相适应的特征（图 4-2-14）。近几年，以深度学习为核心的人工智能，被应用于各类数据处理任务中，例如语音、图像和文本，促使语音识别、计算机视觉及自然语言处理等复杂技术得以突破。然而，深度学习识别语音、图像这些非结构化的数据，完全基于经验的判断，仅仅在感知层面上达到较好效果，没有任何逻辑推理能力。

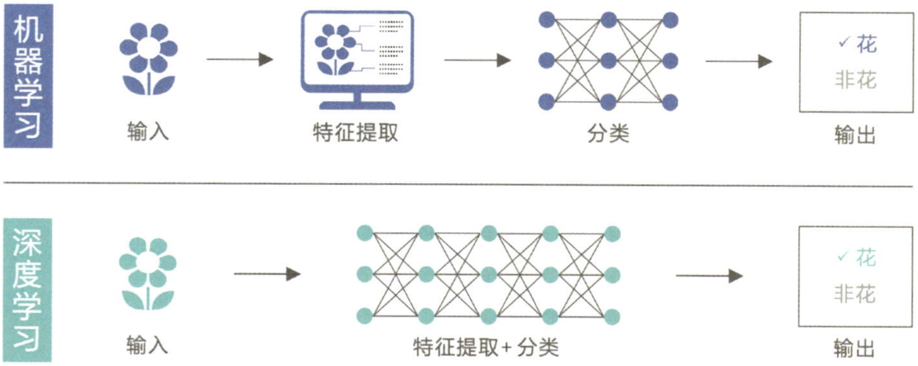

图 4-2-14　机器学习和深度学习[73]
（图片来源：作者研究团队绘制）

结合深度学习的图神经网络，类似于由神经元等节点所形成网络的人脑，是下一代人工智能算法。图神经网络将端到端的学习与归纳推理相结合，有望解决深度学习无法处理的诸如关系推理、可解释性等一系列问题，使硅基生命具备常识，拥有理解、认知能力，从单纯的工具转变为解决问题的伙伴。

深度学习在最近十多年获得了较大的成功，在视觉和语音领域解决了不少实际问题，成为第三次人工智能热潮的技术驱动力。人工智能技术面临的应用环境和需要解决的问题，复杂多变，支撑人工智能的算法也呈现出了一个有主干有分支，多元发展的局面。针对不同类型问题的解决，研究者们也提出了不同的技术和策略。例如，强化学习是通过奖励与惩罚的机制，让人工智能体对于正向与负向的结果进行更迅速的自我调节；联邦学习是在确保数据隐私安全以及法律合规的基础上，实现高效的模型建立；迁移学习是将已经预训练的模型最大限度地应用在新的任务中，减少训练成本，提高已有模型的复用度。

在深度学习获得广泛应用的今天，如果我们展望人工智能技术未来的发展，我们期待以下的问题能够在下一个时期得到有效的解决：模型的训练与优化不再依赖海量的数据，少量的数据同样能够建立满足需求的模型，对于底层算力资源的要求能有数量级的下降；各领域中专业知识体系的构建应引起重视，人工智能模型的构建过程中，知识体系需要发挥更加重要的作用；人工智能的算法过程应最大程度地遵循因果法则，而非单纯的经验法则，算法全过程应可推理，可解释。人工智能技术能够更大程度地成为国家与社会的公共资源与能力，减少资源重复性投入。

纵观人工智能70年左右的发展历史，人类在人工智能相关的硬件、算法和落地应用方面取得的成果是革命性的，展望未来，我们应该对人工智能技术的发展及其对人类社会的价值贡献充满信心与期待。

生命科技、纳米技术和人工智能

生命科技从广义上讲，是指研究生命运动及其规律的科学与相关技术；狭义上特指以分子遗传学即基因科学为核心的科学技术。它研究的对象是人类、一切动物、植物和微生物。它研究的内容包括生命的遗传、发育、生殖、活动、病变等。它涉及的产业有生物医疗、生物农业、生物制造、环保和生物安全等。

纳米技术是由物理学家、诺贝尔奖获得者费曼（Richard Philips Feynman）提出的。他在1959年美国物理学会会议上作的《底层的丰富》演讲中，提出了关于纳米尺度上的构想，被誉为“纳米技术之父”。纳米技术是用单个原子、分子制造物质的科学技术，研究结构尺寸在1至100纳米范围内材料的性质和应用。一般分三种概念：一是分子纳米技术，可以使组合分子的机器实用化，从而可以任意组合所有种类的分子，可以制造出任何种类的分子结构。二是纳米精度的微观加工技术，包括集成电路和半导体器件微型化加工的极限。三是纳米生物技术。如DNA分子计算机等。它是一门交叉性很强、内容涉及很广的综合学科。

人工智能、生命科技和纳米技术是第四次产业革命的触发点科技和引擎，三者互为影响，互相促进。人工智能促进基因科技、脑科学、神经科学和生物医疗的发展；反过来，生命科技的发展又会进一步促进人工智能的进化，现代人工智能的基础技术——深度学习，正是借鉴了大脑的生理结构和工作原理而发展起来的。纳米技术是在纳米级尺度上研究物化特性和制造工艺，能够助力人类在微观层面揭示生命奥秘和解决疾病问题，助力制造人工智能所需的更强大的集成电路，从而推动生命科技与人工智能的进一步发展；人工智能和生命科技的发展，进而不断激发纳米技术的迭代升级和创新应用。它们紧密联系，共同推动人类社会从信息社会迈向智能社会。

硅基生命系统进化完善还离不开能源技术，包括能源收集、转换、储存和管理。没有能源技术的突破，很难实现硅基生命系统的成熟和进化。上述三大触发点技术的快速发展，带动能源技术的高效化、智能化发展。诸如光电转换效率、电池能量密度、无线充电、自驱动系统供电等等，这些技术创新在未来若干年都将出现巨大进步。例如，中国科学院院士王中林发明的纳米发电机，可以从环境和生物系统中收集机械能，为自驱动系统供电，有可能用于多种应用场景[74]。

第三节　发展的需求因素

我们讨论了科技对硅基生命系统发展的驱动力之后，接下来讨论需求驱动。科技和需求对产业发展的驱动是紧密联系的，不可割裂的。21 世纪，人类进入后信息化时代，信息社会高度发展积累的人与自然、人与人、人与自身的需求能级进一步激发，行业发展和企业竞争的形态和特点也随之发生变化，主要表现有：从入口之争到服务制胜；从系统创新到场景重塑；从效率优先到安全与效率并重；还有事件驱动等。

从入口之争到服务制胜

1981 年 8 月 12 日，IBM 推出新款计算机 5150[75]（图 4-3-1），从此打开了 PC（个人电脑）新市场。这台电脑搭载的是英特尔 8088 处理器芯片，配置低分辨率单色或彩色显示器、两个 160 KB 单面软盘驱动器，使用微软的 MS-DOS——磁盘操作系统（Disk Operating System），并捆绑了微软的 BASIC 解译器以及后来被称为“杀手级应用”的 VisiCalc 电子表格软件。需要指出的是，PC 这个产品概念不是 IBM 原创，最早被用来描述 1972 年施乐帕洛阿尔托研究中心研制的 Xerox Alto 型电脑。在 IBM 5150 推出之前还涌现了其他微型计算机产品，诸如 Apple II、TRS-80 等，但这些电脑都各自依托不同的架构或平台，在软硬件上无法实现兼容。

由于处理器、内存、磁盘驱动器等主要部件和操作系统都来

图 4-3-1　IBM 5150 计算机
（图片来源：Science & Society Picture Library/SSPL via Getty Images/ 视觉中国）

自第三方，使得 IBM PC 很容易被仿制，因此众多 IBM PC 兼容机如雨后春笋般涌现出来。1982 年，IBM 索性公开了除 BIOS（基本输入输出系统）之外的全部技术资料，从而形成个人电脑的“开放标准”，使不同厂商的标准部件可以互换。这个开放标准创建了最初的硅基生态系统，允许任何人及厂商进入 PC 市场，迅速聚拢大量板卡生产商和整机生产商，从而形成个人电脑产业链与生态。随着兼容机的发展，IBM 逐步失去市场主导地位。

PC 的广泛应用带来信息化的第一次浪潮，一直延续到 20 世纪 90 年代中期。微软以操作系统（MS-DOS、Windows）为入口俘获了大部分用户，成为计算机行业最大的赢家。这是信息化浪潮中的第一次入口之争。

第二次入口之争是以互联网应用为主要特征的网络化阶段。1995 年前后，互联网的商用价值开始显现，产品形态体现为浏览器，成为用户寻找信息、解决问题的关键入口。虽然浏览器初期功能简单，却点燃了 PC 互联网的导火索，门户网站、搜索引擎等应用兴起。

网景公司开发的导航者浏览器，不到一年市场占有率即跃居首位。网景导航者的成功，让微软公司意识到危机。比尔·盖茨（Bill Gates）将 IE 浏览器和 Windows 操作系统捆绑销售，最终赢得了浏览器之战。但好景不长，2003 年，谷歌 Chrome、苹果 Safari、Firefox 等大型互联网公司，纷纷推出本企业浏览器，打响新一轮的浏览器之争。互联网公司的这些浏览器嵌入了各自特色应用，实现网络和硬件设备、媒体工具等交互融合，从而提供更好的体验，将用户和流量导向本企业服务。IE 浏览器市场形成“百家争鸣”之势。为了在市场上获得更高的认可，谷歌 Chrome

还将浏览器代码开源，第二次浏览器大战成为浏览器标准统一之战。

第三次入口之争与手机操作系统、LCD 触控屏和应用软件（即 App）紧密相关。2007 年，苹果公司发布第一代 iPhone，这款具有划时代意义的手机，率先引入 LCD 屏幕，具备多点触控和全新的用户界面。显示屏成为信息的出入口，用户用手指触摸屏幕即可操控手机。iPhone 定义了移动互联网时代的产品形态，也奠定 iOS 生态根基，并与安卓操作系统一道，淘汰塞班、Windows Mobile、BlackBerry OS，重构手机操作系统的两大阵营，开启移动互联时代。

在移动互联网时代，手机浏览器不再是互联网中唯一的用户入口。各类应用商店，比如 iOS 系统的 App Store 和安卓系统的 Google Play，成为连接软件和硬件绝佳的桥梁。应用商店鼓励第三方应用添加到其中，这样的整合模式涉及产业链所有成员，逐渐发展为以智能手机为中心的硅基生态系统。

有意思的是，入口之争，在 CRT 屏幕背景下单纯是软件之争，诸如操作系统、浏览器；采用 LCD 屏幕之后，显示硬件逐步半导体化，开始软硬融合之争。这恰是硅基半导体技术驱动机器智能进化的一个实例。

从 PC 时代到互联网时代，几乎每个入口都会引起产业参与者之间的争夺，而竞争的成功者将成为下一个科技巨头。比如微软在浏览器之战中打败网景，成为互联网时代的霸主，而苹果、谷歌凭借智能手机应用商店成为移动互联网时代的赢家。

以往入口之争是争夺用户。PC 互联网是计算机和计算机的联网，浏览器是用户接触网络最主要的入口，许多功能和应用都在这上面完成，比如门户网站、搜索引擎、电子商务等。移动互联网让人与人之间的连接更紧密更便捷，应用商店是移动互联网的首要入口，掌控着各类应用程序的分发渠道，更好地将内容和服务连接用户。此外，手机桌面、手机浏览器、手机助手、超级App等也都成为各方争夺移动互联网入口的战场。无论怎样，入口之争的目的都是为了抢占用户数量、使用频率与时长。

然而，到了物联网时代，一切又都变了，入口的价值不仅仅是用户，还有数据。通过对数据的收集和分析，更好地为用户服务，完善用户体验，解决用户实际问题，创造更大价值。

物联网是人与人、人与物、物与物之间的联网，解决的是信息的智能管理和决策控制问题。但在融合、碎片化等显著特点影响下，物联网很难有统一的入口。智能手机不再是万物互联中用户的唯一接触点，只要是能与用户交互，读到用户所在环境数据的设备，均可以定义为物联网入口。比如，智能电视、智能手环、智能音箱、智能门锁、智能摄像头等。

无论处于什么时代，“用户”都是关键词。所谓的入口，其实就是用户获取信息、解决问题的第一接触点。得用户者得天下，只有打造好直接面对用户的服务平台，深入理解用户需求，解决用户痛点，完善用户体验，创造更大用户价值，才能获得用户信任。留不住用户者，迟早会被边缘化。

第四次入口之争，已经在智慧物联时代开始。重点是将尽可能多的物件装上传感器和显示终端，形成软硬融合的智慧端口，用于收集、传输、处理和展示数据。如何利用数据更好地为用户服务，使其应用更便利，体验更舒服，内容更优质，性价比更高，是成功的关键。

值得注意的是，用户需求通过应用场景而具象，抢占入口和服务制胜，需要开拓对用户有意义的更丰富的使用场景。因此，在智慧物联时代，入口之战正在演变为场景之战，为各行各业带来更多想象空间。

从系统创新到应用场景重塑

信息时代的需求升级是通过系统创新来实现的。例如个人电脑按摩尔定律速度，随着芯片性能的提升而不断升级。又例如移动通信和手机沿着 2G、3G、4G、5G 方向，通过系统创新一步步升级。这种系统创新一般都是局部性的，并不涉及应用场景的改变。到了智能物联时代，这种局部性的系统创新已不能满足需求升级和性价比提升的要求，也不能充分挖掘人工智能等新技术创造用户价值的作用，需要系统创新和应用场景重塑相结合。

以交通为例，人类从马车、蒸汽机车、内燃机车发展到电动汽车、自动驾驶电动汽车，这一过程既是系统技术的创新迭代过程，也是应用场景的优化重塑过程。目前一些自动驾驶电动汽车是有缺陷的。诸如，动力系统改成电机，但汽车结构并没有根本性变化，仍沿用传统内燃机结构，空间利用效率低、车身笨重；加上自动驾驶相关设备，汽车反而越来越重；还有电池能量密度、电机功率、功率器件效率都较低。另外，交通路网结构还是沿用以往的，没有与其相匹配。如果将人、车、路结合起来，进行交通应用场景优化和重塑，效果将会更好。诸如，把部分传感、通信和计算功能融入道路灯杆，道路成为智慧道路；提升电池能量密度、功率器件效率和电机功率；简化车身结构，减轻重量，增强车身变形弹性，提高空间使用效率等等。还可以把车从单纯的交通工具转变为交通工具加个人助理的角色，打造车周边的服务生态系统，提供更多样的车内体验。已经有人尝试把车装上智慧翅膀，打造一个立体的智慧交通系统，以克服复杂地形下道路交通成本过高的问题。这样一个富有想象的智慧交通场景解决方案，需要具有不同专业能力的企业共同参与，这就是机会。

物联网时代，应用场景重塑，本质上就是要在各行各业和无数细分领域，建设人与人、人与物、物与物连接在一起的价值创造系统，形成一个新的大生态。物联网的应用场景千差万别，不同场景下的智能硬件多种多样，蕴藏着无数的机会。原来没有关联的行业和企业，都可以通过这些生态联结起来，共享价值创造的机会。当然，这些机会的挖掘，关键是要理解各行各业、各个细分领域的用户需求，同用户一起将需求转换成解决问题的数学模型即算法，应用自身专业技术特长，服务好客户，帮助客户解决实际问题。因此，生态链企业之间协同创新和价值共创，是实现共享共赢的基础。这就是我用“芯屏气/器和”一词描述物联网的初衷，借用“心平气和”谐音，把它比作一个包容性产业生态系统。这一新系统的形成，需要各行各业的开放合作和协同创新，也需要大家平心静气地深入思考“和谐共赢”。

从效率优先到安全与效率并重

在信息时代，生产要素和资本的流动，是以效率为中心展开的。到了智慧物联时代，一方面几乎所有服务都通过对数据的采集、分析和利用来实现；另一方面，万物智慧互联，牵涉面极广，牵一发而动全身。还有，作为一个新生事物，既会带来正面作用，又可能带来负面影响，负面影响问题需要及时解决。如果数据采集不准确、不及时，数据丢失，或者数据泄密，甚至被滥用；如果系统运营不稳定，比如出现宕机、断电，甚至崩溃；如果新事物带来的负面影响不能及时解决；等等。这都将对广大用户和社会带来损害，甚至灾难。因此，智慧物联时代，企业要考虑的不仅仅是系统的效率、性价比问题，更是要考虑系统的安全和可靠性问题，还要高度重视公民的数据隐私保护，并不断纠正算法中隐藏的人类偏见或错误。除了企业要加强自身建设外，政府也应在法律法规和社会治理方面推出相应举措，以防止以上安全问题的产生。当然，解决这些问题，也会产生新需求。例如，为解决网络安全问题，一些网络安全软硬件技术和产品就会应运而生。

事件驱动

事件驱动是指由于某项或某组技术进步、某种需要发生的政策改变、某突发事件发生等因素，所激发的一种需求驱动力。

某种或某组新技术的采用，使采用原有技术的系统优势不再，必定引发产业替代或生态改变。比如，随着信息、储能和电动机技术的进步，引发汽车的电动化和智能化，使得原有以内燃机技术为核心的汽车产业优势不再，从而激发出汽车电动化和智能化的新需求。在智慧物联时代，这种由多种技术组合，衍生出来新的技术形态将层出不穷，引发各行各业细分领域应用场景的重塑，改变原有产业生态，形成新的产业形式和发展机会。

政策是激发需求的重要因素。从全球特别是各大国看，无论是自动化、通信和计算机，还是互联网的发展，都是由政策因素驱动的，比如说半导体产业、互联网、信息高速公路、人工智能和物联网等等。还有一些是全球达成共识而采取的统一行动，如应对气候变化所采取的碳达峰和碳中和行动。所有这些政策因素对推动硅基生命系统的进化和发展起了关键作用。在智慧物联时代，政策因素对推动智慧物联的健康发展尤其重要。我国已将新一代人工智能、量子信息、集成电路、脑科学和类脑研究、基因与生物技术、临床医学与健康、深空深地深海和极地研究作为未来科技发展的战略方向。美国、欧洲、日韩等国家和地区都有类似的政策，这些政策因素不仅是国家间、企业间战略竞争的需要，更是一种全面激发需求的动能。特别是近年来受地缘政治冲突、贸易保护主义、民粹主义和新冠疫情的交织影响，第四次产业革命正遭遇“逆全球化”阻碍，我国制定的鼓励相关战略性产业发展的政策措施，就是一种需求动能。

还有突发事件，诸如瘟疫、战争、自然灾难、经济危机等等。以 2020 年暴发的新冠肺炎疫情为例，由于出行不便，人们改变了生活、学习和工作方式，线上活动大幅增加，进一步驱动了人工智能、5G 和云服务技术的应用。因为订单猛增，甚至出现全球范围内的“芯片荒”。同时，为抗击疫情，主要大国和大企业加大对呼吸机、疫苗和治疗药物的研发，加速相关生物医疗和生命科技的发展。

第四节　未来趋势

未来很难预测，但有一点是确定的，硅基生命系统的发展取决于人工智能和物联网的发展。

可能时间表

如前所述，按照智能级别的高低，人工智能可划分为弱人工智能、强人工智能和超级人工智能三个阶段。2017 年，我与人工智能产业专家苏珊·艾琳格讨论过人工智能发展的可能时间表：

第 0 阶段（1956—2016 年）：人工智能奠基与形成

第 1 阶段（2016—2030 年？）：弱人工智能 / ANI

第 2 阶段（2030—2045 年？）：强人工智能 / AGI

第 3 阶段（2045 年—？）：超级人工智能 / ASI

目前，我们正处于弱人工智能 /ANI 阶段。这个阶段关键词是“Narrow”，意思是“窄的、狭义的”，我把它解释成“单一或简单复合功能和行业垂直应用”。例如，语义支撑的智能翻译、语音支撑的智能音箱、视觉支撑的人脸识别等单一功能的应用。或者将若干单一功能进行简单整合，在某一行业或应用场景中的应用，如智能家居、智能社区、视频会议、远程教学、智慧交通等等。无论是单一功能的深化，还是跨功能的整合，都比我五年前的预测发展要快，我感觉上述时间表也许有点保守了。

其实早在 2017 年，沙特阿拉伯授予公民身份的机器人索菲亚（Sophia）[76]，就可以辨别人类，还能用“眼神”和人类交流（图 4-4-1）。她同时拥有语音识别及语义理解能力，通过与人交流来学习更多知识，似乎快要超越“Narrow”的范围。虽然业内对这一例子有造假的质疑，但这一例子至少是反映了各国政府对人工智能应用的鼓励，以及社会各界对加速人工智能从“Narrow”迈向“General”进程的期盼。2020 年在全球暴发的新冠肺炎疫情，更是加速推动人们的线上活动，进一步促进人工智能的应用和硅基生命系统的成熟。

从人工智能经历的三次浪潮来看，人工智能并非仅仅依托于某种思想、方法论或技术实现突破，而是在不同阶段，由不同的

图 4-4-1　地球上第一个拥有公民身份的机器人索菲亚
（图片来源：Hindustan Times/ 视觉中国）

理论、方法和技术推动进步。人工智能经过符号主义、专家系统、统计主义、神经网络等几次的跌宕起伏，随着深度学习的推出，又将它推向一个新高度。早期人工智能的很多重要分支，曾经红极一时，现在几乎被深度学习完全取代。但深度学习能否持续下去？人工智能或许在一夜之间发生质变，也可能长期停滞不前。所以，以上各阶段节点仅仅是我们的预判。

物联网应用场景是打开人工智能技术产业化的重要通道，而人工智能也给物联网带来积极影响，让所有非智能设备几乎都能实现智能化。物联网的渐进式发展主要分为以下阶段：

第 0 阶段：物联网奠基与形成（1999—2016 年）

第 1 阶段：物联网 1.0（2016—2030 年）：对应弱人工智能，特征为实现一对多的智慧连接。

第 2 阶段：物联网 2.0（2030—2045 年）：对应强人工智能，特征为实现多对多的智慧连接。

第 3 阶段：物联网 3.0（2045 年—？）：对应超级人工智能，特征为实现万物智慧互联。

物联网和人工智能融合的对应关系如图 4-4-2 所示。

如前所述，人工智能（AI）与物联网（IoT）紧密联结在一起，是无法分割的，两者共同构成智慧物联（AIoT）的产业生态。第四次产业革命的第一波浪潮就是 AIoT 浪潮。

根据市场研究公司 Gartner 预测[77]，2021 年将有 250 亿件联网设备投入使用。麦肯锡全球研究所估计[78]，到 2025 年，物联网的潜在经济影响将产生 3.9 万亿至 11.1 万亿美元的价值，面向物联网应用的半导体市场规模将达到 919 亿美元。在未来几年，物

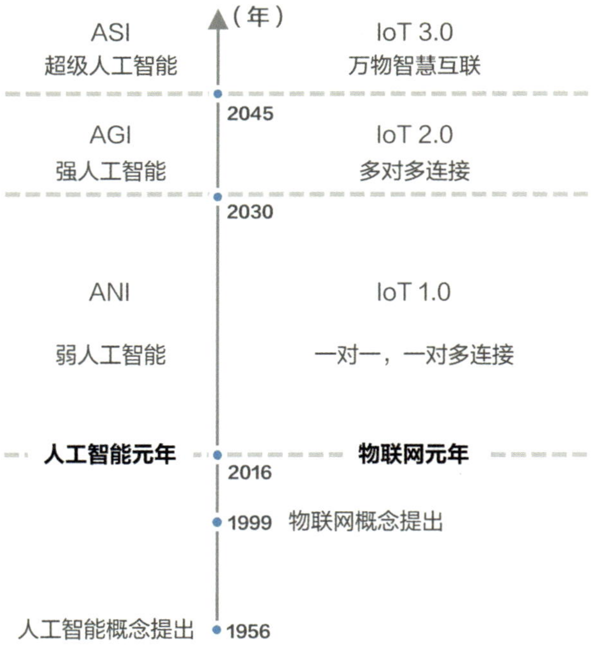

图 4-4-2　人工智能与物联网融合发展趋势
（图片来源：作者研究团队绘制）

联网应用需求将呈现爆发性增长。这意味着，智慧物联时代，我们将迎来多样化的硅基生命生态系统，它们被广泛应用于不同垂直细分领域，展现出惊人的商业价值，除了性能提升、效率优化和体验升级之外，也将改变组织和个人之间交互与协作的方式。这些产业变革在丰富硅基生态系统的同时，也将为硅基生命的未来提供无限可能。

超越现有人类

目前，具备 ANI 的硅基生命在一些领域已经达到人类水平，甚至是超越人类。比如，在围棋、德州扑克、答题等领域的人机大战中，人类都败下阵来。

以答题竞赛为例，美国老牌智力问答节目《危险边缘》（*Jeopardy*），参赛者需要具备大量历史、文学、政治、科学及流行文化等知识，还需要解析隐晦含义和谜语等。在比赛中，IBM 推出的硅基生命“沃森”（Watson）打败了最高奖金得主和连胜纪录保持者。沃森每秒可以处理 500 GB 的数据，相当于 1 秒阅读 100 万本书，即使比赛时不能接入互联网，但沃森存储了 2 亿页结构化和非结构化的信息，包括各种百科全书、词典、新闻，甚至维基百科的全部内容。沃森能够在 3 秒内检索数百万条信息并以人类语言输出答案，分析题目线索中的微妙含义、讽刺口吻及谜语等[79]。

硅基生命相比于人类的长处正是海量数据的存储与高速运算，因此在答题这类比赛中超越人类不足为奇。那么，硅基生命会全面超越人类吗？我认为短期内还不可能。一方面是人类对自身的认识不断加深，诸如基因科技和脑科学的突破，帮助人类破解生命的奥秘，有利于挖掘人类的新潜能；另一方面是目前以深度学习为代表的人工智能，本质上还是基于数据的统计判断，只是一种多维空间的模式识别。

数据智能只是被动服从人类设定的既定逻辑，然后自动运行。归根到底无法突破人类传授的学习框架，没有创造力。虽然，当交流数据足够大、感应能力足够灵敏时，硅基生命将能够同人类一样进行感情交流。但是，人工智能使用的信息实际上只是现实世界全部信息的一小部分，其中还包含大量的无用噪音甚至虚假、错误信息。在这样的数据基础上，无论使用多么先进的算法，都难以获得令人满意的结果。人类可以轻松地滤掉不同领域“显而易见”的无用或错误信息，但这些领域的背景知识很难迁移到硅基生命中。

另外，人类的灵感、直觉、顿悟等思维方式，也是硅基生命在短期内无法具备的特质。以顿悟为例，和日常解决问题的方法完全不同，但可以得到一个复杂问题的全部答案。顿悟非常少见，它虽然只是在脑子里一闪而过，却非常重要。对于顿悟的性质，科学界仍未讨论出一个明确的答案。我们没办法教人怎么才能顿悟，这些思维方式由右脑控制，具有无序性、跳跃性、直觉性等，只在很少的人身上出现，连人类自身都不知道它是如何形成的。

英国物理学家斯蒂芬·霍金（Stephen Hawking）曾发表《让人工智能造福人类及其赖以生存的家园》（*Guiding AI to Benefit Humanity and the Environment*）的主题演讲，他提到：“强大的人工智能的崛起，要么是人类历史上最好的事，要么是最糟的。我们无法知道我们将无限地得到人工智能的帮助，还是被藐视并被边缘化，或者很可能被它毁灭。”他认为人工智能的发展，本身是一种存在问题的趋势，而这些问题必须在现在和将来得到解决。人工智能一旦脱离束缚，以不断加速的状态重新设计自身，受到生物进化限制的人类无法与之竞争，将被取代[80]。

目前，硅基生命具备了弱人工智能，每一步都在向强人工智能迈进。我不排除硅基生命全面超越现有人类的可能性，不过那时的人类可能已进化为新型人类。人类应该想办法同硅基生命协作，以走向更远的未来。

倘若硅基生命拥有或者超过人类智能水平，它们能否是新型人类，可以享受一些人类的基本权利？我认为，这些问题涉及人类的“伦理”，我们应该以人类的根本利益为终极目标，提前研判相关风险，依此来完善法律法规，引导人机良好协作，这也有利于促进硅基生命未来的进化。

新的人机协作

在可预见的未来，硅基生命依然无法摆脱人与机器协作的模式，需要全面总结人类在不同场景应用方面的知识、标准和经验，便于转化为机器算法，系统化地集成到已有的智能系统当中。人机协作将成为社会效率提升的“最优解”。

人类与硅基生命体的关系不像人类与其他生命体的关系，不应该是冷冰冰的“用户—工具”，而是让硅基生命成为用户内心接纳的“伴侣”，成为人类的得力助手，二者之间会有新的分工与协作，从而最大化发挥双方优势。以医生为例，他们日常 80% 左右的工作都是重复性的，包括诊断一般疾病、配药、给病人拍 X 光片、做常规手术等。当医生们都能从单调乏味的重复劳动中解放出来之后，则可以研究更复杂的医疗问题，探索新的疾病治疗方法。

不过，的确有些人会被机器替代，那些曾被认为是高级脑力劳动者的翻译、记者、律师、财会等职业，就面临着有朝一日被取代的风险。我认为，每一次科技革命难免会造成一些负面影响，诸如让某些职业消失。但长期来看，这样的变化可能创造出需要全新技能的新岗位。

以自动驾驶为例，将给交通行业带来颠覆性革命，不再需要人类司机驾驶。但是，司机的角色可以发生转变，显而易见的新岗位是远程车辆操作，自动驾驶运营商可能会建立类似于空中交通管制那样的指挥中心，来监视自动驾驶车辆，并在出现问题时进行远程遥控。

与人类具有很强互补性的硅基生命，能帮助人类处理许多不擅长的工作，并助力人类从繁重的重复性工作中解放出来。人类转而专注于发现、创造的工作。发展人工智能的最终目的并不是要替代人类智能，而是通过人工智能增强人类智能。在感知、推理、归纳和学习等方面，人类具有硅基生命无法比拟的优势，但在搜索、计算、存储、优化等方面却不如硅基生命。

与其说人类有能力永远不被超越，倒不如说人类有能力与硅基生命进行人机协同，选择互相取长补短之道，形成一种新的“1+1>2 ”的增强型智能，即所谓的混合智能。这种智能是一种双向闭环系统，既包含人类，又包含硅基生命。人类可以接受硅基生命信息，硅基生命也可以读取人的信号，两者相互作用，相互促进。硅基生命进化的根本目标是为了提升人类智力活动，陪伴人类完成各种复杂多变的任务。

硅基生命的未来演进，取决于人类对自身的认知，特别是基因、大脑和人类潜能。作为碳基生命，人类正通过基因科技揭开生命的奥秘，挖掘大脑中更多的新潜能。只要人类能够善用硅基生命，就一定能实现更多的不可能，与硅基生命体共同进入一个充满无限可能的新时空。

第五章 碳基生命

斯坦福大学计算机科学家夸贝纳·鲍和（Kwabena Boahen）做过一项有趣的估算：如果能够制造一台完全模拟人脑的计算机，那么其消耗的功率将达到 10 兆瓦（大约是人脑的 50 万倍）[81]，需要用一整座小型水电站才能驱动。相比之下，人类只需要一盒牛奶和几块饼干的能量就可以轻松胜任同样的工作。目前来看，硅基生命在工艺精密度和能量利用效率等诸多方面，同碳基生命相差甚远，人造生命若要赶上人类，仍需向生命科技取经。

上一章提到，狭义的或者说现代意义上的生命科技是以基因科技为核心的。上世纪 50 年代以来，随着基因科技的进步，人类对碳基生命本质的认知有了质的飞跃，与之相伴的技术和产业革命一直深刻影响并持续改变着人与自身、人与人、人与自然的关系。

第一节 概念与演进

从简单的单细胞生物到复杂的哺乳动物，从渺小的昆虫到庞大的鲸鱼，从灭绝数千万年的恐龙到如今的地球霸主人类，构成其生命的基本化学单位，都是以碳元素为核心的有机分子。从能量代谢角度来看，所有生命体的生长、发育、繁殖等活动，都伴随着碳元素在自然界的流动与循环（图 5-1-1）。从理论上，可以

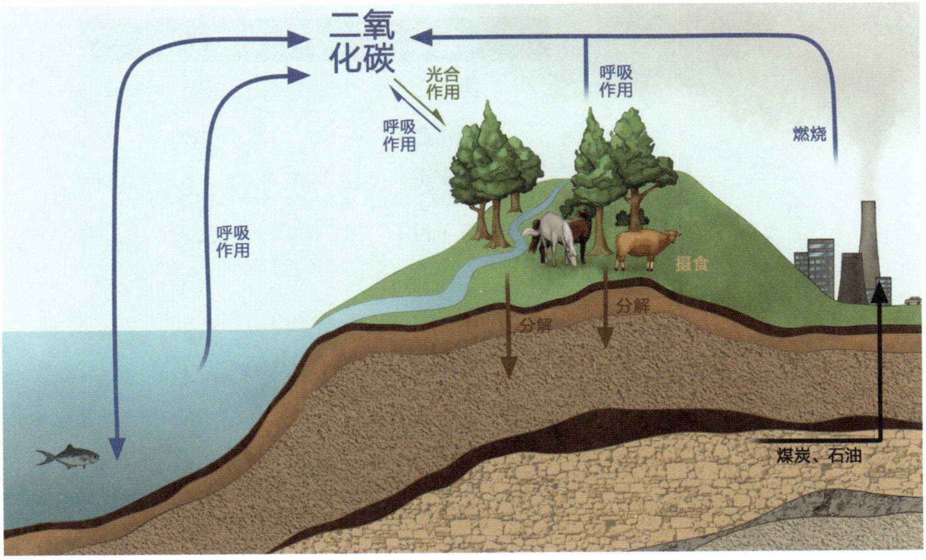

图 5-1-1　碳元素在自然界的循环
（图片来源：作者研究团队绘制）

把地球上自然存在的生命体统称为碳基生命。本章讨论的碳基生命，将主要围绕人类自身展开。

“完美”的碳元素

在人类已知的 118 种元素里，能够组成自然生命体的有 25 种，其中，占据生物体质量 90% 以上的，是碳、氢、氧、氮 4 种元素[82]（图 5-1-2）。在这 4 种元素里，氧元素虽然比重最大，却多以水分子存在，而对细胞结构和功能稳定性起关键作用的，只有碳元素，这主要归功于碳元素具有的以下三个得天独厚的优势。

一是多样性。碳元素参与了近 1000 万种化合物的组成，是所有元素中最多的，这完全得益于其与生俱来的优势：碳原子外层有四个价电子，得电子能力（氧化性）与失电子能力（还原性）相当，能通过单键、双键或三键形成复杂多样的有机物，如各种

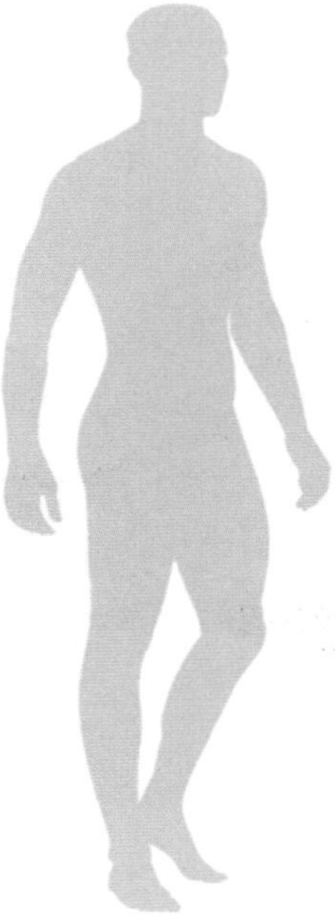

元素	占比（%）
氧（O）	65
碳（C）	18
氢（H）	9.5
氮（N）	3.2
钙（Ca）	1.5
磷（P）	1.2
钾（K）	0.4
硫（S）	0.2
钠（Na）	0.2
氯（Cl）	0.2
镁（Mg）	0.1
其他	>1

图 5-1-2　人体中各元素质量占比[82]
（图片来源：作者研究团队绘制）

蛋白质、糖类、脂肪、DNA 等，为生命活动提供了丰富的物质基础。

二是稳定性。与构成自然生命体的其他元素相比，以碳元素为核心的化合物性质更加稳定。比如最常见的碳氢化合物，既不会过分活泼而轻易分解，也不会过分保守而失去可塑性，这就使得酶能够很容易地操纵碳分子，以满足生命代谢需求。

三是高效能。任何生命活动都建立在化学反应之上，如新陈代谢、生长发育等，而生命体完成化学反应的效率，在很大程度上决定其对外界刺激的反应速度。在地球环境的温度范围内，碳基分子能够保证足够活跃的化学反应效率和能量利用效率。反观同族的硅元素化合物，其在地球常温环境中反应极慢，即使有天然存在的硅基生物，也只可能存活于200摄氏度以上的环境中。

不过，正如美国天体化学家卡尔·萨根（Carl Edward Sagan）所说，“碳基生命唯一论、中心论，很可能大大限制了人类对外星生命的探索和想象”[83]，人类也不应陷入“碳基沙文主义”思潮，因为一旦跳出地球环境，走入广袤无垠的太空，生命形式或将呈现更多可能，硅、硼、氨乃至于没有稳定形态的电磁波，都将有可能构成某种完全超越人类认知范围和想象力的生命体。

碳基生命的演进

讨论碳基生命，要从地球生命起源说起。地球的形成距今约46亿年，其生物圈历经约35亿年的漫长演化历史。目前，科学界普遍认可的是“化学进化说”[84]。据此学说，约40亿年前，频繁来访的陨石向地球投递了巨大的能量和丰富的物质。这其中，一种名为碳质球粒陨石的圆球状陨石，为地球带来了初级含碳化合物（如甲烷），成为碳基生命的“种子”。在闪电的激活下，这些碳化合物与大气中的氢、氨、水蒸气反应，形成碳基生命的基本单位——氨基酸。在随后漫长的岁月中，氨基酸以某种方式聚合成为蛋白质，并在一种叫作核酸的碳基分子引导下，实现基于链式反应和自我复制，演变成最初的单细胞生物，这也是最早出现的生命体。其中，有一种叫作蓝绿藻的、生活在海洋中的单细胞生物，可以通过光合作用慢慢释放氧气小泡，它们的出现，逐渐改变大气成分，并在云层上形成稀薄的臭氧层，阻隔强烈的紫外线，为复杂生物出现提供基本条件。

经过近20亿年的漫长进化，单细胞生物的一支进化出可以吞噬其他单细胞生物的机能，以便更多地获取能量。它们彼此聚集成团，通过吞噬不断并入、整合遗传物质，最终形成含有消化腔的双胚层多细胞生物。此后，随着进一步分化，多细胞生物种类爆发式增长，复杂性不断增加，为了适应生存环境，它们有的进化出保护性甲壳，有的出现支撑骨骼（图 5–1–3）。最重要的是，原始应激反应开始被实质性的神经细胞取代，使碳基生命的适应能力陡增，逐渐出现自我意识。

此后的数十亿年间，生命大灭绝与物种爆发交替循环，靠个头和肌肉取胜的爬行动物走下历史舞台，聪敏精巧的人类逐渐成为地球上新的主宰。自智人出现至今，承载碳基生命 40 亿年演化

图 5-1-3　碳基生命演化树[85]
（图片来源：作者研究团队绘制）

精华的人类便不再显著进化了，因为智慧的大脑大大加强了人类对环境的适应能力：人类铸造的铠甲比任何甲壳类动物都更加坚硬，搭建的云梯能够轻易到达任何果树的顶端，缝制的衣物比任何鸟兽皮毛都更保暖，制造的武器能轻易抵御野兽的攻击……更进一步看，人们对生命科学和医疗技术的探索，更是让人类逐渐摆脱自然选择法则的束缚，试图从源头控制基因突变的频率和方向，将物竞天择变成“物竞人择”。这一切都源于人类对生命密码的破译。

生命密码之谜

碳基生命的延续和进化，依赖于遗传和变异过程的交替往复。而遗传和变异的过程，又依赖于一种在生命间传递信息的“生命密码”。

生命密码的最早发现可追溯到19世纪中期，奥地利遗传学家格雷戈尔·孟德尔（Gregor Johann Mendel）通过著名的豌豆杂交实验，首次提出“遗传因子”的概念[86]。20世纪中期，经过艾弗里（Oswald Theodore Avery）、沃森（James Dewey Watson）和克里克（Francis Harry Compton Crick）、尼伦伯格（Nirenberg, Marshall Warren）和霍拉纳（Har Gobind Khorana）等科学家的一系列研究，终于发现并阐明了DNA在遗传中的作用和其编码生命的规律[87]。

值得一提的是，人们发现DNA上的基因指导蛋白质编码方式，同发明电子计算机二进制编码规则的时间线几乎完全重合。二者的共通之处让人们有理由相信，生命也是某种可编辑的程序：A、T、C、G字母串形式的基因序列，可以指挥细胞内的核糖体按照既定路径组装蛋白质（蛋白质是细胞中执行各种功能的基本单位），而蛋白质的组装方式直接决定了其功能，比如血红蛋白负责携带氧气、ATP（Adenosine Triphosphate，三磷酸腺苷）分子负责为生命活动提供能量、细胞膜蛋白负责细胞内外的信息传递等。同时，数以亿计不同分工的蛋白质，又将依照基因的指令，在正确的时间出现在正确的位置，让其组成的碳基复杂系统得以有条不紊地运转。细胞、DNA、基因之间的结构关系如图 5-1-4。

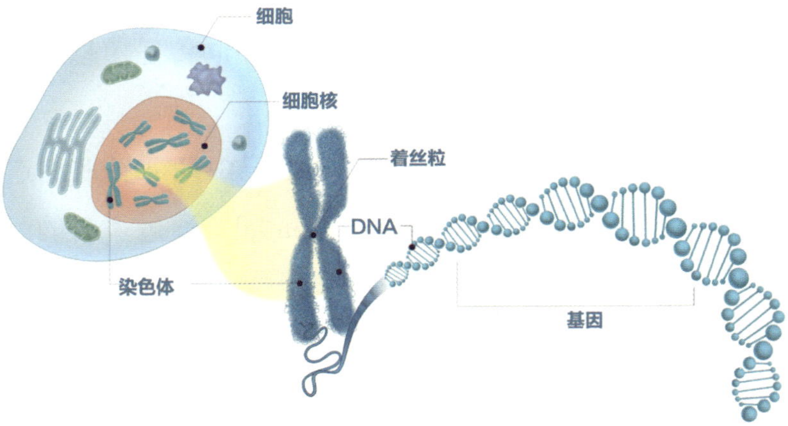

图 5-1-4　细胞←细胞核←染色体← DNA ←基因示意图
（图片来源：作者研究团队绘制）

由此，人类从科学维度重新认识自身：生物性状的改变是外在的现象，其根本来源于基因的改变。基于这个认识，人类开始解构、分析 DNA 分子的排序规则，试图破解碳基生命密码，并计划用人工干预手段，改良甚至创造生命。

第二节　驱动发展的核心科技

生命科技的核心突破点是基因科技。对人类而言，发现基因与基因传递的规律，无异于找到了破解生命密码的钥匙，为人类开启基因检测、基因治疗、再生医学、合成生物学等多个新兴领域的大门。我们也看到，基因科技与人工智能一起，作为第四次产业革命的触发点科技，引领着生命大数据、数字人、医学人工智能、数字医疗等领域的发展。这一系列的科技和产业变革，无一不在重塑着人与自身的关系，并将人类带向新的纪元。

基因检测与基因编辑

在基因科技中，读取基因信息、破译其中密码的过程被称为基因检测，其中，最有代表性的技术是基因测序（Gene Sequencing）。1977 年至今的 40 多年来，基因测序技术以超过摩尔定律的进化速度，由最初只被少数顶尖科学家掌握，成本高昂的第一代测序技术，迭代为大规模商业化的第二代、第三代乃至第四代测序技术，被广泛应用于优生优育、疾病筛查、药物选择乃至农业和食品加工等领域[88]（图 5–2–1）。

以优生优育为例，我国新生儿出生缺陷总发生率约为 5.6%，其中 70% 由遗传因素导致，这意味着我国每年都有 60 万至 70 万的遗传性缺陷患儿出生，包括唐氏综合征、白化病、血友病、地中海贫血、代谢性疾病等[89]。目前，无创产前诊断（NIPT）技术已相对成熟，能够在孕早期发现常见染色体异常胎儿，避免严重缺陷患儿出生[90]。此外，新生儿基因检测技术还能对出生后的婴

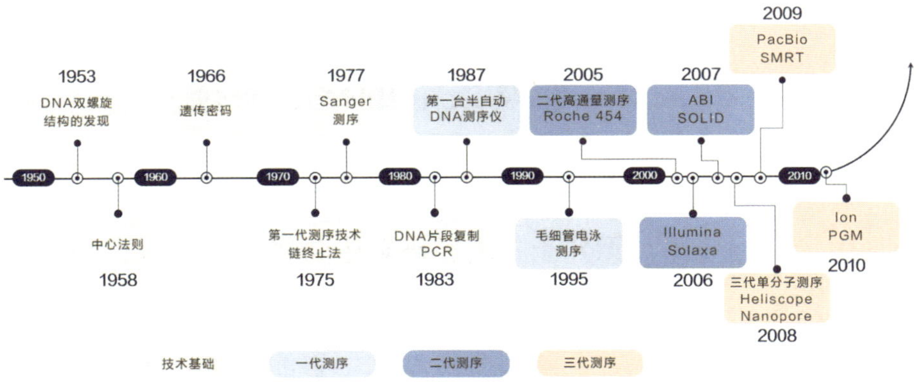

图 5-2-1　基因测序技术发展[88]
（图片来源：作者研究团队绘制）

儿进行十余种常见遗传病检测，做到疾病早发现、早干预，保障儿童健康成长。

除优生优育外，多种疾病易感基因、耐药基因的检测技术也已落地临床。这其中最知名的，莫过于好莱坞影星安吉丽娜·朱莉（Angelina Jolie）检测出自己携带 BRCA1/2 基因突变，继而果断接受乳腺切除手术的案例[91]。近年来，除 BRCA1/2、APOE 等常见疾病易感基因检测外，基于肿瘤基因甲基化修饰检测技术的癌症早筛技术逐渐成熟，能够帮助人们检测到胃癌、结肠癌等疾病的萌芽。

在基因检测技术基础上，一种着眼于对现有基因组“改写”的基因编辑技术，被称作“基因手术刀”或是“上帝的剪刀”也出现了。这种技术可以在早期发现基因异常的前提下，提前对基因实施敲除、特异突变引入、定点转基因等操作，精准修复缺陷基因或敲除基因，实现治疗疾病的目的。值得一提的是，2013 年，随着华人科学家张锋等人公布最新的 CRISPR-Cas9 基因编辑技术（图 5-2-2），基因编辑成本与技术门槛已大幅降低，开始被广泛应用于基因治疗、药物研发、农业育种、环境保护等多个领域[92]。

仅以基因治疗为例，目前，基于基因编辑的基因治疗技术可分为两类：离体基因治疗和体内基因治疗，离体基因治疗需要从患者体内取出自体细胞，在实验室用基因编辑技术改造之后，再重新输回患者体内发挥功效。体内基因治疗则是直接将携带正常基因的病毒注入患者相应器官，直接完成修复工作。

CAR-T 细胞免疫疗法是近年来名声大噪的离体基因治疗技术。简单来讲，当癌细胞在体内生成后，为了不受免疫细胞攻击，会伪装成正常细胞逃过免疫细胞盘查。针对这个问题，CAR-T 细胞免疫疗法通过在体外编辑正常免疫细胞，赋予其识别癌细胞伪

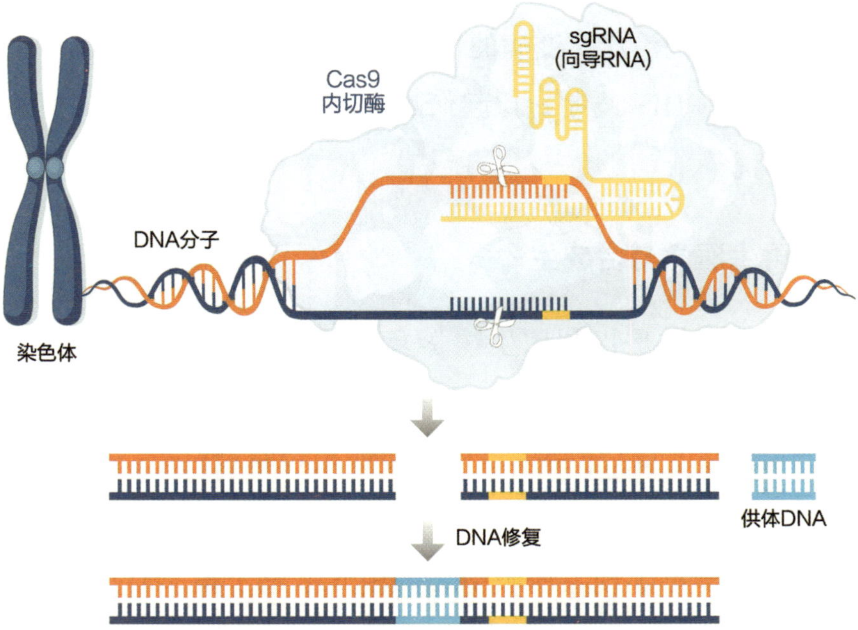

图 5-2-2　CRISPR-Cas9 基因编辑技术[92]
（图片来源：作者研究团队绘制）

装的慧眼，再将经修饰的免疫细胞反向输回患者体内，增强其免疫清除功能，达到抑制癌细胞增殖的目的。目前，已经有数个CAR-T 细胞免疫疗法通过了美国食品药品监督管理局（FDA）的审批[93]，或许在不久的将来，随着技术成熟度提高，诸如 CAR-T 类的免疫疗法将帮助人类彻底战胜癌症。

另一种正在用于临床试验的离体基因治疗技术，是针对艾滋病人淋巴细胞的抗人类免疫缺陷病毒（HIV）疗法。一般来讲，HIV 病毒进入血液之后，会主动识别淋巴细胞表面的 CD4 受体，通过增殖来定向破坏人体免疫系统。基于此过程，宾夕法尼亚大学（University of Pennsylvania）的卡尔·朱恩（Carl H. June）博士等人利用锌指酶基因编辑技术，通过在体外沉默淋巴细胞表面 CD4 受体表达，再将修饰后的细胞输回患者体内，让 HIV 失去了靶细胞，从而达到治疗艾滋病的目的[94]。这种先进的基因治疗手段能够有效控制 HIV 复制，比起伤敌一千自损八百的鸡尾酒疗法有着巨大的优势。

再生医学与合成生命

再生医学是指利用生物学及工程学的方法，创造或修复损害的组织或器官，使其具备正常组织或器官的机构和功能的生物技术。自 1740 年瑞士自然学家亚伯拉罕·特朗布雷（Abraham Trembley）发现水螅再生现象至今[95]，科学家们一直被自然界中存在的神奇再生现象所吸引，并由此激励了很多有意义的探索。最近数十年来，伴随着基因科技的进步，人们在干细胞、组织再生等领域取得多项突破，预示了再生医学的美好前景和重大意义：

- 1963 年，加拿大科学家詹姆斯·蒂尔（James Till）和欧内斯特·麦卡洛克（Ernest McCulloch）发现了具有自我更新能力并可以分化为血小板、红细胞和白细胞的小鼠骨髓干细胞[96]。

- 1981年，麻省理工学院生物学教授尤金·贝尔（Eugene Bell）发表了用自体细胞构建的人工皮肤修复创面的方法。贝尔随后创建Organogenesis公司，并于1998年成为首家由美国FDA批准的生产含有活细胞产品的公司[97]。
- 1997年，哈佛医学院科学家约瑟夫·瓦坎迪（Joseph Vacanti）通过组织工程技术使小鼠背部“长出”人耳[98]。
- 2006年，东京大学科学家山中伸弥将小鼠成体细胞逆转诱导为多能干细胞（iPS），规避了胚胎干细胞伦理问题[99]。
- 2006年，美国外科医生安东尼·阿达拉（Anthony Atala）成功将实验室培养的膀胱移植到7个具有先天性缺陷的儿童患者体内[100]。
- 2015年，欧盟委员会批准了干细胞治疗方法Holoclar，用于治疗角膜严重受损患者[101]。
- 2019年，中国科学院院士周琪团队将猴的细胞注入猪的胚胎，成功创造了世界首个“猪猴混合体”，这项技术未来有望在其他动物身上培养出人类器官，为器官再生创造了新思路[102]。
- 2021年6月，美国FDA批准了Mallinckrodt公司的StrataGraft产品，这种由真皮成纤维细胞和角质形成细胞形成的“人造皮肤”，能够显著提高烧伤病人皮肤移植的治疗效果[103]。

近年来，随着再生医学与干细胞领域监管、审批政策明晰，再生医学领域飞速发展。以日本、美国、中国为首的科研机构与企业，先后披露多项在心肌再生、视网膜再生、软骨再生、子宫瘢痕修复等领域的基础研究与临床试验进展，相关产品有的已经上市，有的上市已不再遥远。

随着基因工程和合成生物学的进步，一种比再生医学更加大胆、更具颠覆性的生物技术随之诞生，那就是人工设计的合成生命。20 世纪 70 年代，分子生物学家科恩（Stanley Norman Cohen）曾将非洲爪蟾的 DNA 拼接进大肠杆菌的质粒，让大肠杆菌产生非洲爪蟾的核糖核酸（RiboNucleic Acid，RNA）[104]。科恩的成功告诉人们，基因工程可以超越生物种类的限制，通过完全按照人类的意愿去拼接基因，创造新的生物。几年后，美国科罗拉多大学（University of Colorado）的卡拉瑟斯（Marvin H. Caruthers）利用 DNA 自身的化学性质，研发出一种被称为固相亚磷酰胺法的单链 DNA 合成方法[105]，能从一个核苷酸开始，合成人们设计好的任何 DNA 序列。此后，合成生物学迅速发展，科学家们先后合成了病毒、染色体等复杂生命结构。

2010 年，为人类基因组计划做出卓越贡献的美国生物学家克莱格·文特尔（Craig Venter）宣布，第一个完全由人工合成基因组控制的细胞诞生，取名“辛西娅”（Synthia）[106]，意为“人造儿”，截至 2016 年，辛西娅已经进化到 3.0 版本，这意味着完全由人类创造的碳基生命将不再遥不可及，基因科技将我们引入“物竞人择”的时代。目前，文特尔的研究小组正计划用这种技术制造一系列新的微生物。例如，可生产生物燃料的细菌、可以从空气中吸收二氧化碳或清洁海洋中泄露的石油的细菌等按照人类意愿设计的新生命。

合成生命的另一个典型案例，是近年来吸引人们关注的人造肉技术。这里讨论的人造肉，不是传统意义上的植物加工“素肉”，而是利用动物肌肉干细胞，通过生物工程手段培养出来的“真肉”。2013 年，荷兰马斯特里赫特大学（Maastricht University）

的生理学家马克·波斯特（Mark Post）在实验室条件下，历时两年，花费 30 多万美元，培养出世界上第一块人造牛肉饼[107]。此后，虽然美国孟菲斯肉制品公司宣称可以把一个人造肉汉堡的成本降到 600 美元，但依然毫无性价比可言。而在我看来，此种基于实验室技术的人造肉是有前景的。首先，从能量转化的角度看，这种造肉方式省去了从植物喂养动物、动物生长等“中间环节”的能量耗散，理论上效率优于畜牧业。其次，畜牧业往往占据大量土地资源，还常常造成草地沙化、水源污染等问题，如果能把造肉环节搬到工厂，无疑是一种集约化、规模化的手段，能在稳定品质的情况下做到污染最小化。未来，随着生物工程技术进步，或许此类造肉方式将成为人类食品生产的主流（图 5-2-3）。

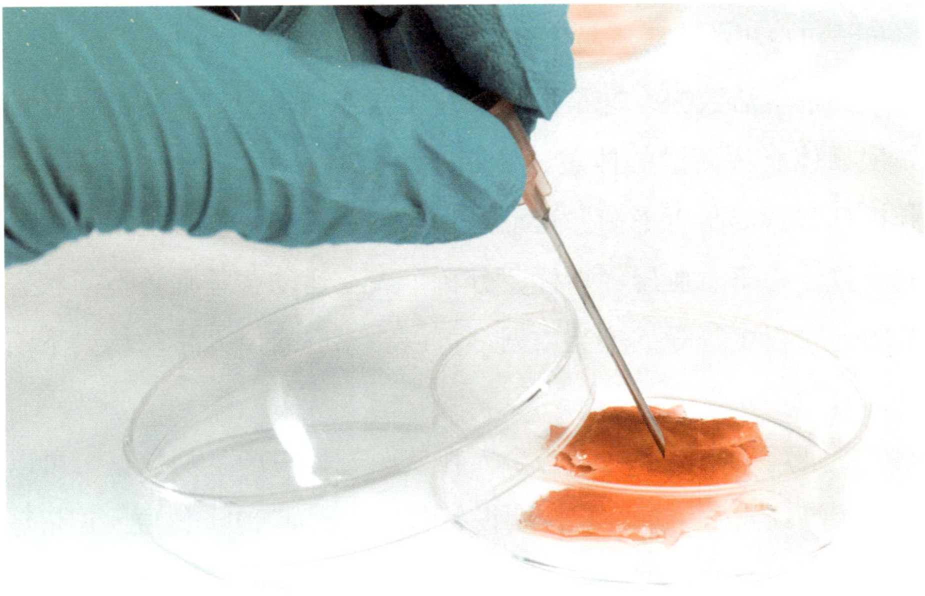

图 5-2-3　实验室人造肉示意图
（图片来源：anyaivanova/Getty Creative/ 视觉中国）

生命数据与数字人体

随着信息技术与医疗技术的完美融合，生命数据和数字人体技术正成为健康医疗行业必备的基础技术能力，正在静悄悄改变着人们健康管理与诊疗的理念与模式。

人的致病因素一般分为五种情况，一是机械物理因素，比如由各种原因造成的创伤。二是生物化学因素，比如细菌或病毒感染。三是代谢性因素，比如营养不良或营养过剩引起的诸如贫血、肥胖、糖尿病、高血压等。四是无功能占位性病变，比如癌症。五是精神性疾病，比如抑郁症等。上述原因有的需要即时去医院就诊，如重大创伤等；有的可以依靠日常生命数据的监测和科学的管理方法进行预防，也就是“治未病”理念。按照数据采集的场景，可以把生命数据技术划分以下几类（图 5-2-4）：

一是生活数据，这是指个人在家庭或移动中产生的数据。例如依靠体脂秤测量的体重、体脂、水分、骨量、肌肉量等指标，分析日常营养是否平衡，运动是否合理。又如依靠智能手表测量的步数、心率、血压等指标，分析个人在运动、睡眠等不同状态下的健康程度等等。这类数据都可以在家庭或个人移动场景下随时获取。

二是理化数据，这是指个人在就医过程中产生的数据。可以在医院等场景下通过医疗检测设备获取，比如 CT、核磁、B 超等设备获取的影像数据，或是从生化检测仪获取的体液数据等。随着信息技术与医学的融合、传感技术的进步，一些便捷的医疗检测设备开始走入家庭，在家庭场景下的理化数据检测将逐步成为现实。诸如家用无创血糖仪、无创多参数血液检测仪，或其他可

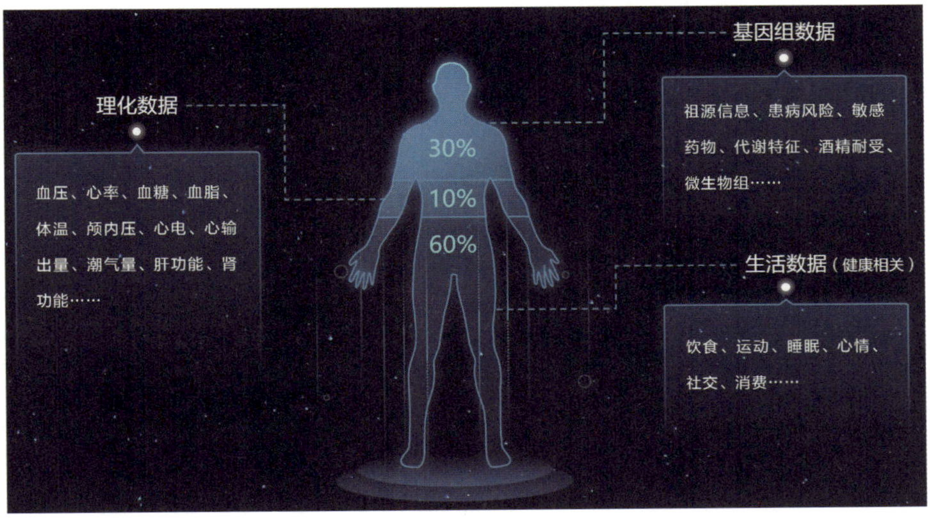

图 5-2-4 生命大数据组成
（图片来源：作者研究团队绘制）

自行在家获取样本的检测仪器等。

三是基因数据，这是指通过专业基因检测设备获取的数据。包括个人遗传特征、疾病易感基因、耐药基因，甚至是肠道菌群基因等。这些数据目前还需要在医院或专业机构获取，未来或许也可以在家完成。

生命数据技术主要由信息采集设备、数据分析软件、各类算法、物联网平台、信息展示设备等部分组成。

数字人体是指将生命数据按照人体的结构进行可视化表达的一种人体健康信息展示形态。对数字人体技术的发展，相关国际文献一般将其划分为以下几个阶段[108]（图 5–2–5）：

第 0 阶段：电子病历，即将手写病历和影像胶片数字化。

第 1 阶段：数字几何人，通过对人体外貌扫描及 CT、核磁、超声照相，用 3D 建模技术还原人体几何与解剖结构。有助于健康

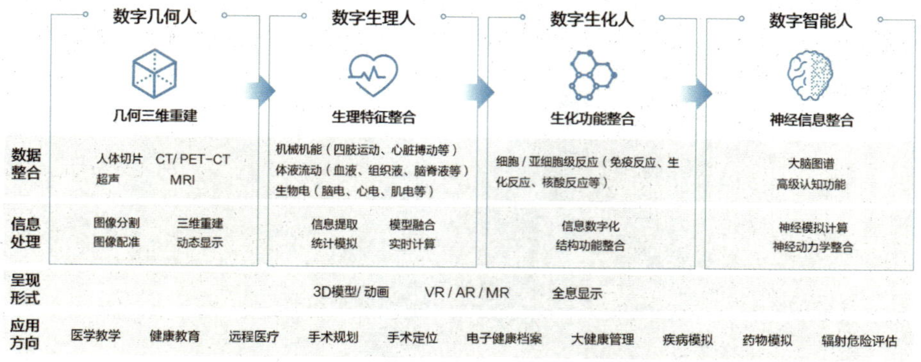

图 5-2-5　数字人体发展阶段[108]
（图片来源：作者研究团队绘制）

人群的自我健康管理，也有助于医患了解器质性病变或肿瘤占位情况，制定合理的个性化治疗方案。

第 2 阶段：数字生理人，通过力反馈、生理状态模拟计算等技术，还原体内生理运动，如心电、脑电、肌肉电、血液动力学、组织液流动、肺部气体交换等过程，实现生理状态的可视、可感知。

第 3 阶段：数字生化人，进入微观维度，通过大量复杂计算还原体内各项生物化学反应，如血糖代谢、药物代谢等。在此阶段，可以在虚拟病患体内实现治疗方案的预演、预判，甚至是用大规模虚拟病人进行低成本新药临床试验。

第 4 阶段：数字智能人，此阶段对计算机算力有较高要求，将在计算机上模拟人类完整大脑和各级神经运动，此时的数字人将具备思考、感知与情感能力，能够实现人脑意识上传，甚至是数字化永生。

目前，对数字人体技术的探索仍处于第 1 阶段，也就是数字几何人的研究，主要采用外观的数字孪生技术（图 5-2-6）。其中，在医学影像领域，借助高清影像与3D建模技术，可精准还原微米级病灶，在手术规划、精准放疗、医患沟通等场景有着诸多落地应用。当然，除医学应用之外，数字人体的应用主要还是在娱乐和传媒方面。比如，在虚拟影像领域，通过深度摄像机、实时渲染、AI图像识别、AI语音等技术，已可实现以假乱真的虚拟主播、虚拟偶像等传媒领域应用。谷歌、三星等公司，以及我国的腾讯、科大讯飞等公司在此方面已有所布局。健康医疗行业的数字人体技术相对更复杂，国内外有一些机构已开始布局，京东方就是其中之一。我判断，未来5—10年，数字几何人技术将广

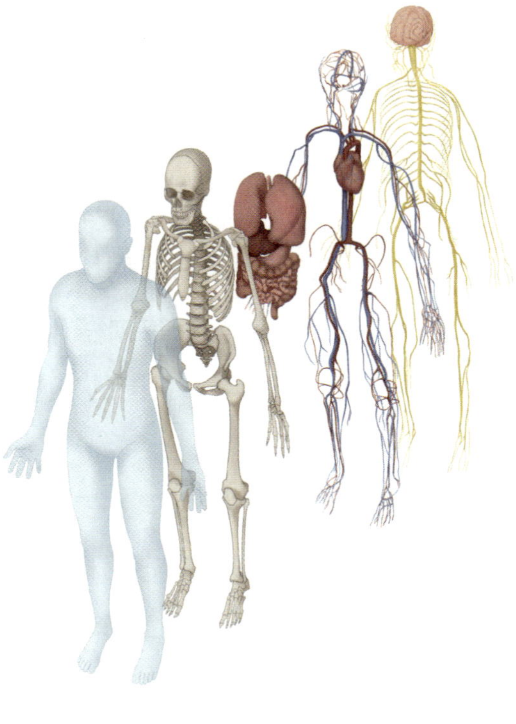

图5-2-6　数字几何人示意图
（图片来源：作者研究团队绘制）

泛应用于健康管理与医疗行业；在此基础上，数字生理人、数字生化人将陆续走上医疗行业舞台。随着人工智能技术发展到ASI阶段，数字人技术将进入第4阶段，届时，人类或将实现数字化永生。

从医学人工智能到AI医生

随着人工智能技术的逐渐渗透，为健康医疗领域发展注入了新的动能。早在上世纪40年代，科学家就曾尝试研发能作为医学顾问的计算机程序，这是医学人工智能的开端。随着硅基生命系统进化，算力提升与数据爆发并行，医学人工智能逐渐进化为虚拟医学助手、辅助诊断、手术机器人和数字疗法等应用，成为从诊断、治疗到康复的多能的“AI医生”。

虚拟医学助手可通过语音语义识别、文字识别、自然语言处理等技术，有效地将医生从日常事务性工作中解放出来。例如，语音识别和自动化电子病历书写功能，可将医生从繁重的病历记录工作中解脱出来，同时将患者既往纸质病历等非结构化数据结构化处理，为进一步的大数据分析奠定数据基础。在该领域，美国的Nuance、英国的Babylon等公司，我国的京东方、科大讯飞、百度等公司都有涉及。

AI辅助诊断是应用最早也最广的医学人工智能产品。早期的CDSS系统通过系统设定的映射规则，在一定程度上能帮助低年资医师检查处方内容，或是判定诊断合理性。深度学习技术出现后，医疗人工智能演化出图像识别与影像诊断能力，通过大数据训练，能够在极短时间内判读大量影像报告，精准度甚至超过大多数人类医生。2018年，美国FDA批准了全球第一款人工智能自主诊断产品 IDx-DR，用于糖尿病视网膜检测[109]。此后，各类 AI 诊断产品层出不穷，肺结节、颅内出血、颈椎骨折和肺栓塞等领域的影像辅助诊断工具接连获批上市。

最早的手术机器人出现在 1985 年，当时的美国人尝试用 Puma560 工业机器人辅助进行脑组织活检，这也是手术机器人的雏形和最初探索[110]；1994 年，美国 Computer Motion 公司研制的“伊索”（Aesop）持镜机器人可以模仿人手臂功能，替代了辅助人员手动控制内窥镜，实现比人为控制更精确一致的镜头运动，为医生提供直接、稳定的视野[111]；1999 年 1 月 9 日，美国 Intuitive Surgical 公司发布了达芬奇外科手术机器人系统，2000 年被美国 FDA 正式批准投入使用，成为全球首套可以在腹腔手术中使用的机器人手术系统[112]。2016 年首款真正意义上的智能手术机器人 STAR 诞生，它由手术定位、手术工具、压力传感器、机械臂、视觉系统、手术界面等部分组成，可以自主完成手术全过程，医生只需要站在旁边监控，自此手术机器人进入智能化阶段[113]。

数字疗法是近年来新兴的，利用物联网、人工智能等技术，以循证医学为基本原则，采用经药品或医疗器械监管审批的“软件药”治疗方法。2017 年，美国 Pear Therapeutics 公司旗下 App 产品 ReSET™ 获 FDA 批准，用于药物依赖患者的辅助治疗[114]。这款经美国 FDA 认证的首个数字疗法产品，拓宽了传统意义上对药品的定义。到 2021 年，全球已有 30 余个数字疗法产品获得 FDA 等权威机构的批准，预示着未来健康医疗产业一种新形态。

第三节　产业发展的社会动力

以上我们讨论了科技对碳基生命和健康医疗行业发展的驱动力，接下来讨论社会需求的拉动效应。人与自身需求发展演进，依次是满足温饱与生存、提升生命质量、健康长寿乃至实现永生。

从杂交水稻到生物农业

温饱是人类的最基本需求，从水稻的驯化到生物农业的出现，人类需求与科技驱动始终并行，推动着农业的发展。

根据科学家研究，野生水稻的最早形态，同狗尾草类似，彼时谈不上“产量”的概念，只是狩猎部落的零食。从野生到栽培，经过人类数万年耐心驯化，野生水稻才基本形成如今的样子（图5-3-1）。据记载，我国水稻的亩产量从春秋战国的几十公斤增长到唐朝的上百公斤，耗时1000多年，再增长到近代的亩产几百公斤，又耗时1000多年[115]。而今，经过袁隆平等科学家的育种，中国杂交水稻亩产已达到1000多公斤，产量翻了近3倍，从1976年到1987年的10余年间，中国的杂交水稻已累计增产1亿吨以上，每年增产的稻谷可以养活6000多万人[116]。这让我们自豪地宣布：中国用不足世界10%的耕地解决了占世界22%人口的粮食问题。

就像水稻的驯化与育种增产一样，从古至今，人类对各种农作物、家畜、鱼类的品种改良工作从未停歇。从前，人类只能依靠进化论法则，以偶然发生的基因变异为契机，通过长年累月的重复配种，一点一点地改变作物或家畜的性状。现在，有了先进的农业基因技术，人类不仅能够以极快的速度干涉作物演化，甚

图 5-3-1　水稻的野生祖先稗子草（左）与超级稻
（图片来源：作者研究团队绘制）

至还创造出了纯粹依靠基因操作而诞生的物种。例如，通过去除抑制肌肉生长的基因，培育体型壮硕、肌肉发达的内洛尔牛，从而大幅提高这种牛的产肉量；又例如，通过去除产生茄碱的基因，培育即使发芽也不会产生毒素的土豆，从而大幅延长了土豆的保质期，或降低其对储存环境的要求；再例如，通过破坏生成淀粉的基因，培育大量合成油脂的藻类，从而用合成“生物柴油”，为汽车提供能源等[117]。

从经验医疗到精准医疗

医学是以预防、诊断和治疗生理和心理疾病以及提高人体自身素质为目的的应用科学。随着基本生存需求被满足，人们对生命健康的需求与日俱增，从经验医学到循证医学，再到精准医学，每一次医疗模式的升级，都来源于患者对更有效、更安全医疗服务的需求。

春秋战国时期的名医扁鹊开创了“望闻问切、四诊合参”的看病方法，这种传统医学只有临床实践经验而没有理论，被称为“经验医学”（Empirical Medicine）。医生依靠自己的直觉、经验及患者的临床表现进行医疗决策，但受经验的局限性和不确定性，难以确保安全有效的医疗。

经验医学的局限性，让人们反思临床决策如何有据可循。1972年，英国内科医生阿奇博尔德·科克伦（Archibald Cochrane）明确提出，应该使用已被恰当证明有明显效果的医疗措施。随后，他根据长达20年关于“妊娠和分娩”的对照试验撰写了系统评价，为临床实践提供可靠依据。1992年，加拿大临床流行病学家大卫·萨克特（David Sackett）正式提出“循证医学”（Evidence-Based Medicine, EBM）的概念，强调以客观的科学研究结果为证据，制定患者的诊治决策，将最好的证据应用于临床实践。循证医学在心律失常抑制、顽固性高血压治疗等领域的相关研究成果，推翻经验医学普遍接受的观点，到20世纪末推广应用于临床上。2005年，循证医学被明确定义：准确应用当前所获得的最佳研究证据，结合医生个人临床经验，并考虑患者的价值和愿望，将三者结合制定出针对患者的临床措施。

遵循可靠的证据是循证医学的基石。在临床应用中，首先从文献、指南、共识中寻找外源性的最佳研究证据，特别强调使用当前最好的证据。临床研究新证据不仅可以否定曾被接受的诊断性试验和治疗方案，还能随时被更准确有效的新证据取代。除研究证据外，临床决策仍需综合考虑医生和患者的因素。然而，循证医学与经验医学一样，也存在诸多缺陷。一方面，临床证据不断变化，人为设计和病理选择存在着局限性，难以确定适用于全部患者或疾病的指南。另一方面，医生还不完全了解很多疾病的病因及发病机制。因此，循证医学面临很多问题，诸如探讨发病机制与风险因素、疾病的早期诊断、药物反应个体差异等。

随着遗传学、基因组学、蛋白组学等生命科学的发展，人类基因组计划的完成，生命大数据的交叉应用，医学界开始着力研究个体化的疾病预防与诊疗方法。“精准医学”（Precision Medicine）理念引领医学迈向一个新时代。“眉毛胡子一把抓”的时代已经过去，“量体裁医”、“对人下药”的精准医疗生态飞速到来（图 5-3-2）。

精准医学源于个性化医疗，而今更加精细化和全面化。确定

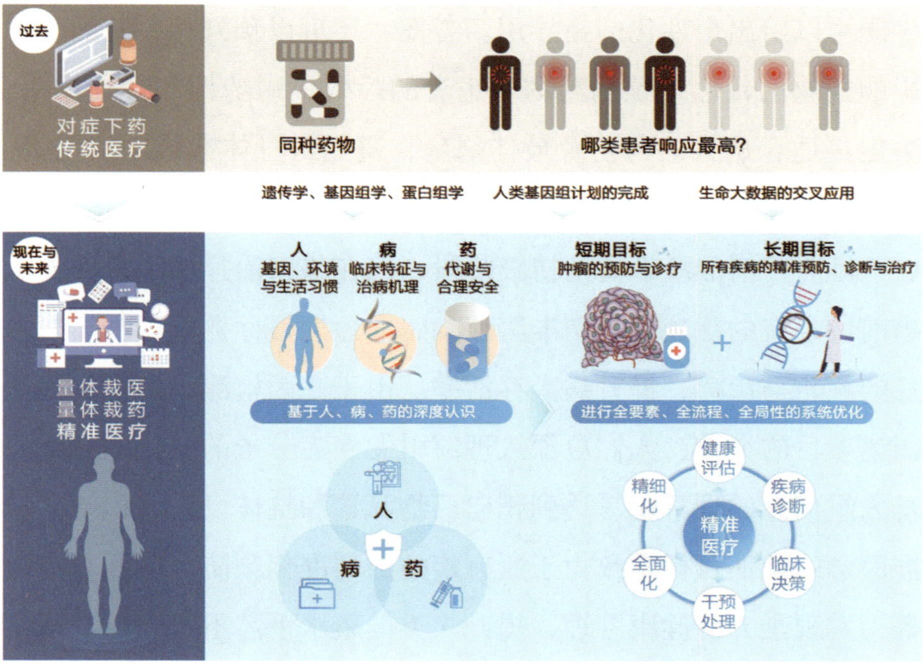

图 5-3-2　精准医学模式
（图片来源：作者研究团队绘制）

性是精准医学寻求最佳临床实践的基石，贯穿健康评估、疾病诊断、临床决策和干预处理等医疗实践的全过程。精准医学更重视“人”的基因特征、环境与生活习惯，“病”的临床特征与治病机理，“药”的代谢与合理安全，基于对人、病、药的深度认识，进行全要素、全流程、全局性的系统优化，实现治疗效果最大化和毒副作用最小化。

拿人类基因特征来说，人类基因组大约包含 2 万至 3 万个基因。任意两个人的基因组之间有 99.9% 是相同的，而在剩余的 0.1% 中却拥有超过 400 万的基因变体，并决定每个人之间的区别，产生身体性状、个人性格和能力、疾病倾向、药物敏感度等不同表现[118]。因此，精准医学的核心，是根据患者的基因检测结果，针对患者的个性化需求，从“对症下药”转变为“对人下药”，医生既可以给出个性化的指导用药方案，还可以预判相关基因如何影响药物的代谢，预测药物对患者的疗效、耐药性和毒副作用，决定更适合病人的药物及最佳剂量，避免对身体造成二次伤害。同样，患者根据基因信息也可以更好“对己下药”。

目前，精准医学尚处初级阶段，但在临床治疗决策方面显示出前所未有的优越性。精准医疗确定的短期目标侧重于肿瘤与癌症的预防与诊疗，提升病人存活率。由于基因检测和癌症基因组图谱项目的突破，人们更深入理解引发癌症分子的变化，对致癌基因组信息的理解也渗透到靶向药物筛选和抗体设计过程中。精准医学的长期目标是致力于所有疾病的精准化预防、诊断与治疗等，实现全方位健康管理，提升人类健康水平。不过，精准医学的广泛应用还有很长的路。例如，实现精准医学的基因检测与基因编辑，还需新一代的检测手段，以及移动医疗、体外诊断等设备，用来检测多维度的医学健康信息。这些技术都是支撑健康医疗行业发展的关键要素，也是未来新的产业机会。

从“治已病”到“治未病”

随着人们物质生活水平提高，人民大众对自身健康重视程度与日俱增，对提升生命和生活质量的向往也更加强烈，追求的不仅是长寿，更是有质量的健康长寿，而不是病恹恹的长寿。为此，各国政府和全球健康医疗界正在推广从“治已病”到“治未病”健康管理理念。在我国，一方面，由于医疗资源相对不足，在就医时经常会出现“排队两小时，看病十分钟”的情况；另一方面，由于就医不便，很多人平时不注重健康管理，生病时才不得不去医院，有的甚至在医院花光一生积蓄。人们希望得到从无病状态的预防、生病状态的优质诊疗到出院后长期康复保健的便捷、优质、全生命周期的健康医疗服务。我国目前医疗资源的状况，尚无法满足上述人们日益增长的需求，城镇每千人医生数、床位数都远远落后于发达国家。这种供需严重不平衡状态，却为中国健康医疗产业发展带来新机会，信息技术进步也为其创造新模式，互联网医院就是其中的代表。

如前所述，物联网是互联网的延伸。在健康医疗行业，随着移动互联网和物联网技术普及，通过移动设备与物联网终端设备提供“互联网 + 健康医疗服务”的模式正在快速发展。人们一般将此类模式称为“互联网医院”，我更倾向于将其称为“物联网医院”。因为，这种模式的突出特点：一是网络连接，二是通过终端设备直接获取检测数据。它不只是互联网的人与人连接，而是人与人、人与物、物与物三位一体的连接，是“AI+IoT”在健康医疗领域的应用。正是这一技术的应用，让“治已病”到“治未病”这一健康医疗新理念得到落地。

物联网医院的业务特点有：一是“治未病”和全病程服务。强调平时的健康管理，保持长期健康状态，尽可能做到不生病或延缓发病，如定期体检、日常生命数据监测、饮食运动等生活方式干预、保健调理等。强调生病后的及时诊治和优质治疗。强调出院后的持续康复服务或慢病管理。

二是个性化和精准化服务。通过完整的个人电子健康档案，个人、家庭、医院场景下检测设备的数据采集，线上健康顾问或AI医生以及线下专家的数据分析，实现个人健康状况的即时检测、健康管理和诊疗服务。

三是便捷化和透明化服务。通过个人的移动终端、家庭检测设备和交互终端，随时进行健康数据检测、医患交互、知识与数据共享、线下就医预约，使人们就医看病更加便捷；可视化、完整的个人电子健康档案使得医患交互更加顺畅、信息更加透明。

四是高效率和高性价比。以上特点，推动了整个健康卫生体系服务效率的提升，成本结构的优化，服务性价比的提高。同时，对个人而言，全生命周期防病、治病、提升生命质量和寿命的花费更加科学合理。

总之，物联网医院有助于从“治已病”到“治未病”理念的落地，有助于解决“看病难、看病贵、体验差”的痛点，是一种医患之间崭新的互动方式。物联网医院通过改变医疗服务的模式，重构医疗价值体系，改善医疗服务质量。物联网医疗服务可将全社会医疗资源充分发挥作用，激发医务人员的积极性和荣誉感，实现人们健康管理与就医看病体验好、效果佳、成本合理、医患和谐的共赢。

事件驱动

在以安全和质量为首要原则的健康医疗领域，政策与法规是引导行业规范发展的主要力量与驱动因素。然而，科学合理的政策法规出台，通常是在对一些事件的反思中激发出来的。

以再生医学与细胞治疗领域为例，2016 年的“魏则西事件”[1]，产生了极坏的社会影响。痛定思痛，中国国家食药监总局发布《细胞治疗产品研究与评价技术指导原则（试行）》，明确再生医学产品审批上市的流程与规定，这个行业才进入健康发展轨道。此后，为适应我国免疫疗法产业发展需求，避免对细胞治疗技术临床转化产生负面影响，国家陆续出台了一系列规范细胞治疗临床研究和应用行为的政策和法规，促进细胞治疗领域有序发展。

医疗人工智能在高速发展的同时，也曾面临产品上市监管不明的困境。2018 年，美国根据医疗器械存在的风险程度，将人工智能产品划分为传统医疗器械监管模式中高风险的 III 类器械。然而，AI 医疗产品种类众多，这样的“一刀切”政策明显限制了低风险等级 AI 产品的发展。2019 年，美国 FDA 对监管框架进行重新讨论和意见征集，之后对基于人工智能 / 机器学习的医疗器械软件风险类型进行重新分类，这才促使 AI 医疗产品的蓬勃发展。根据 2020 年 9 月《NPJ Digital Medicine》杂志发表的一篇文章统计，目前已有 64 种获 FDA 批准的基于人工智能 / 机器学习的医疗器械软件在美国上市[119]。与此同时，中国也紧跟脚步，自 2020 年 11

1　因搜索引擎错误引导，身患癌症的魏则西未得到及时救治，于 2016 年 4 月 12 日病逝，引发了网络社区广泛关注与讨论。

月首证落地至今，多款 AI 医疗器械已获得资质审批。

除了政策法规，公共健康宣传和教育也非常重要，通过宣传和教育，引导人们培养正确的健康生活方式、合理的健康消费观念。促进健康医疗产业创新发展，政策法规和宣传教育要齐头并进。在物联网医院逐步改变传统健康管理和就医模式的进程中，这种齐头并进尤为重要。

突发公共卫生事件也是健康医疗产业发展的一大驱动因素。2020 年以来，在新冠肺炎疫情影响下，居民医院就诊活动受限，线下实体医疗收缩明显，然而这却为线上互联网医疗行业带来供需双增的机遇。供给方面，实体医疗机构积极开展互联网医院建设，疫情期间全国互联网医院数量激增近 10 倍。需求方面，居民积极通过互联网方式获取医疗服务，新型生活习惯逐步养成，线上问诊流量井喷。与此同时，互联网医疗、互联网售药、互联网医保结算相关政策也集中加速落地，多方力量共同驱动下，行业到达高速成长的拐点。

第四节　未来趋势

生命科技和人工智能的结合，既能帮助人类提升生命质量，也是人类实现未来生命设计与再造，促进自身进化的关键力量。

打破长寿纪录

自古以来，上至帝王将相，下至平民百姓，都渴望长寿，甚至永生不死。在古代，中国有炼丹师，西方有炼金士，他们都希望发现长生不老之秘方，以此达到长寿永生。不过，由于缺乏科学理论与技术的支撑，这些术士的尝试不仅徒劳无益，反而损人折寿。同时也应看到，人类同自身衰老的抗争并未因此而停步，而是在持续探索中不断进步。

根据中国国家卫生健康委员会和世界银行相关数据，2019年我国居民人均预期寿命达77.3岁，美国为78.8岁，日本为84岁[26]，我国已接近发达国家水平。我国60岁以上老年人口约2.49亿，占总人口的17.9%，但有超过1.8亿的老年人患有慢性病，比例高达72%[120]。可见，人类距离真正健康的长寿还需要长时间的努力。以上所述的健康管理和全病程服务的模式，理论上只能让人们健康的寿命达到预期寿命，避免疾病痛苦，提升生命质量；要突破预期寿命的桎梏，更需要依靠在科技、医学等诸方面的突破。

细菌、原虫等单细胞生物是地球上最初的碳基生命形式，依靠细胞分裂来繁衍后代。亿万年来，它们生生不息、源源不绝，不存在细胞衰老问题。同样，有些多细胞动物和植物也存在不会老化的情况。比如，灯塔水母能够从成熟阶段恢复到幼虫阶段，通过反复的生殖和转分化获得无限的寿命，而且这种重生过程没有次数限制[121]。又比如，英国科学家发现一种叫真涡虫的扁形虫，可以克服老化进程，反复不断地更换新的肌肉、皮肤、内脏，甚至整个大脑（并且继承“前世”记忆），以达到长生不老的目的[122]。

人类的身体是由上百亿细胞构成的，随着年龄增长，人体里面的细胞开始老化，这个衰老的过程会使器官与组织在功能上衰退，导致机体的死亡。人类若想延缓衰老和延长寿命，仿照灯塔水母的重生机制也许难成，但仿照真涡虫，以再生医学思路实现永生，或许是潜在的突破点。此外，自然界中细胞衰老的原因基本相似，都是由于细胞分裂时失掉染色体端粒造成的。那些能避免衰老的细胞都具有端粒酶，并由于端粒酶活动而端粒的长度维持不变。每次细胞分裂导致端粒变短时，端粒酶能够为染色体末端添加新的 DNA 片段，从而弥合缺损，最终得以“永生”。也就是说，“端粒酶”可能就是人类一直寻找的“长生丹”[123]。

要使人类长寿，除了揭示相关基因与端粒、端粒酶的关系、掌握端粒长度再生的机制之外，或许可以借助基因编辑、基因合成等基因科技来实现。比如，美国索尔克生物研究所（Salk Institute for Biological Studies）利用 CRISPR/Cas9 基因编辑技术，成功抑制患有 Hutchinson–Gilford 早衰综合症的小鼠快速衰老，小鼠寿命大约增加 25%，表现出与正常小鼠相似的活动水平，而且比未接受治疗的同龄早衰小鼠体形更大更健康[124]。值得注意的是，这一罕见的疾病同样折磨着人类，并会引发许多衰老迹象，包括 DNA 损失、心脏功能障碍和寿命缩短等。基因编辑技术应用于早衰症的治疗，有望进一步延长寿命。

随着再生医学技术演进，不久的将来，或许人体所有的组织器官都能在体外培养再生，人们将能够用“换零件”的方式解决组织衰老、器官衰竭等传统医学难以解决的问题，让失明的人可以重见光明，坐轮椅的人可以重新行走，让大多数人都可以健康活到 100 岁、120 岁、150 岁、200 岁，使人类的长寿纪录不断被打破。然而，以上的“换零件”不包括大脑，如果大脑都换了，意识与记忆不再，就不能算是生命的延续。只有同时实现躯体、意识与记忆的延续，才算是真正意义上的健康长寿。这一切目前还只停留在想象阶段。

美国奇点大学（Singularity University）原校长、未来学家雷·库兹韦尔曾表示，人类的免疫系统将由纳米机器人接管，人类在 2029 年将开始走上永生之旅，并在 2045 年正式实现永生[125]。2016 年，我邀请库兹韦尔先生参加京东方全球创新伙伴大会，他在主题演讲中分享了“加速回归定律”和奇点理论，提到科技能帮助我们更好地预测未来、提高预判的准确性，以及各类机器人的发明能帮助我们延长寿命。我赞成库兹韦尔先生关于科技与长寿的观点[125][126]。

无独有偶，英国科学家斯蒂芬·霍金也曾预言，2045 年将会出现“永生人”。不过，真正的永生很难实现，但正如前面提到的数字人概念，让意识形态、大脑信息永生的想法，在我们有生之年或许就会实现。相似的，俄罗斯媒体大亨德米特里·伊茨科夫（Dmitry Itskov）在 2011 年发起一个惊人的“2045 阿凡达”计划，设想通过“脑机接口远程控制的机器化身、本体死后移植大脑给化身、本体死后转移意识到人工大脑的化身、全息化身”等四个阶段，把人脑思维移植进机器人体内，打造真实版的“永生人”[127]。

更优秀的下一代

基因科技让人类掌握了改变碳基生命的能力，不过这只是开始。人类将生命的进化从达尔文的自然选择转变为有智慧、有方向性的进化，以培育更优秀的下一代。

基因检测是降低新生儿出生缺陷发生率的有效手段，在孕前、孕中到产后等重要生命周期，帮助父母们提前获知孩子是否有患病风险。相关基因数据将会伴随新生儿的一生，成为新生命成长过程中的“指南针”，涵盖与儿童成长相关的身体特征和营养需求，以及个性化的疾病预防与诊疗。

基因还为每一个生命赋予不同的潜质，使得孩子拥有与生俱来的独特天赋。儿童天赋基因检测，从科学角度分析孩子在语言、音乐、艺术、运动等各方面的潜能水平，有利于帮助家长了解孩子的个性特质。根据孩子不同的潜在天赋，家人可以制定出科学、系统的个性化培养方案，让孩子充分地发挥自身天赋，找到最适合自己的发展方向。也许，发现优势天赋进而因材施教，比盲目的求全教育更有效。

“不让孩子输在起跑线上”是很多家长的口头禅。未来，当人们对生命编码了如指掌时，也许会产生“定制婴儿”的需求，诸如改变长相、增加运动天赋、提高智力等。针对这个问题，英国科学家斯蒂芬·霍金在其生前最后一本论著《对大问题的简明回答》[128]中提出的一个观点值得人们深思：当富人们开始操纵孩子的 DNA 时，可能会制造出一群拥有更高的智力、记忆力、免疫力和寿命的“超级人类”，他们将拥有极强的适应力，能够在恶劣的自然环境下生存。同时，这群拥有自我设计能力的生物将以越来越快的速度进化，甚至实现对其他星球的殖民。然而，这背后产生的严重伦理问题也不容忽视，当“超级人类”出现，那些没有经过基因编辑的普通人类将彻底失去竞争力，他们将变得不再重要，甚至在若干年后与“超级人类”产生了生殖隔离，变成了“超级人类”眼中的低等生物，这将是一场最为严重的种族主义灾难，由此引发的战争将有可能导致人类毁灭。

霍金的担心绝不是危言耸听。2015 年 4 月，中山大学某研究组发表了一篇利用基因组编辑技术，修正人类受精卵地中海贫血基因的论文。虽然这次实验选用无法正常发育的异常受精卵，编辑后的受精卵也并未植入子宫，但以人类受精卵为对象的基因编辑还是引发轩然大波[129]。同年 12 月，美国国家科学院、英国皇家学会和中国科学院在华盛顿联名召开了人类基因组编辑国际峰会，并于会后发表声明，明确禁止将接受过基因组编辑的生殖细胞植入子宫进行临床应用。当然，专家们同时也认为“应该开展”相关基础研究[130]。

随着基因编辑技术不断升级，人类或许迟早会开始编辑自身生殖细胞。乐观预计，当这一天成为现实时，一种前所未有的医疗技术将随之诞生，只要严加监管，这项技术将为全人类带来巨大价值。面对未知的未来，我们惟有抱着一颗虔诚而敬畏的心，才能在生命科技和人工智能发展道路上稳步前行。

后人类时代：硅碳融合

试想一下，如果人类开始坦然接受用基因编辑手段改造、升级后代，也许有一天，人类会在“物竞人择”的法则下，亲手制造出一个新物种——“后人类”。

“后人类”的形成不局限于基因改造，我们提到的硅基生命，同样也可以是“后人类”群体的成员。人工智能的发展能让机器人学习人类的思考方式和行为能力。虚拟技术制造虚拟主体，而改造现实主体。将虚拟世界和现实世界、虚拟人和现实人合二为一。正如美国著名媒体人凯文·凯利（Kevin Kelly）多年前在《失控》[131]中提出的观点，人造物正变得越来越像人类，而人类将越来越像机器。硅基生命与碳基生命已开始呈现融合趋势，机器智能与生物智能的混合，或许将催生赛博格[1]这样的生化电子人（图 5-4-1）。

“后人类”时代是人类进化过程中无法绕开的阶段，而“后人

1　赛博格：英文“Cyborg”的音译，是英文“cybernetic organism”的结合，意为混合了有机体与电子机器的生物，其目的是借由人工科技来增加或强化生物体的能力。

图 5-4-1　人类进化假想图
（图片来源：作者研究团队绘制）

类”的“后”字，并不意味着人类的终结，也没有超越以现有人类为中心的立场，而是预示着现有人类概念在内涵和外延上的扩展。也许到了某一个阶段，现有人类、“后人类”、某种特殊功能的其他生命形式将实现同时空共存。

第六章　硅碳融合

前面两章分别讨论了硅基、碳基生命的发展脉络，随着人工智能、生命科技和纳米技术的发展，两种生命形态将突破边界，相互融合，在形成硅碳融合新生命形态的同时，也将创造新产业生态。本章讨论硅碳融合的概念、机理、生命形态，以及其对产业发展和人类三对关系的影响。

第一节　概念与融合方式

从纯技术角度分析，硅基生命与碳基生命各自都具备难以替代的优势：从世界上第一台计算机问世至今，硅基生命所具备的数学逻辑计算和数据存储能力，已远超碳基生命极限；然而，若在自我意识、情感认知、想象力、创造力，以及能量利用效率方面展开对抗，生物智能仍可以对机器智能发起“降维打击”。推进硅碳融合之核心目的，是让硅基生命与碳基生命各取所长、优势互补、互相融合，从而培育新生命形态，实现科技与产业的进化与突破。

由表及里，可以把硅碳融合的方式概括为模式融合、机能融合和材料融合三个层面。

方式一：模式融合

在数学逻辑运算方面，硅基芯片性能早已远超人类，但机器智能若要在综合推理、情绪情感、想象创造等方面形成突破，最理性、最可及的路径就是借鉴模仿人脑信息传递模式和运算模式。这种硅碳之间规律借鉴、形态模拟的融合方式并不涉及物理层面，我称之为“模式融合”。目前，人工智能领域的深度神经网络技术就是模式融合的典型代表。随着脑科学领域的进步，人类对大脑运算模式的认识也不断深入，以人类大脑、神经元为模拟对象的类脑计算机正逐渐走进现实，硅基智能的综合运算能力和能量利用效率也将随之得到大幅提升。

方式二：机能融合

相较于模式融合，硅碳融合的第二个层次相对简单直接，即通过物理模块植入的形式，实现机能的融合与性能的提升。“机能融合”的案例目前已普遍存在，人们熟悉的人工耳蜗、心脏起搏器等植入式医疗器械就是硅碳机能融合最早的尝试。近年来，随着脑机接口、脑机通信技术进步，大脑与机械、大脑与计算机，乃至大脑与大脑之间的信息互联和算力叠加逐渐成为现实。“脑联网”的出现将大大加速硅碳融合生命体在信息获取、传输、存储、处理方面的效率和效能。

方式三：材料融合

硅碳融合的第三个层次，是底层的硅 / 碳材料替换或融合共存，我称之为“材料融合”。在计算芯片领域，作为同族元素，碳元素拥有与硅元素相似的理化属性，这使得人造碳基芯片成为可能。近年来科学界对碳纳米管、石墨烯等材料的研究佐证了这个观点。此外，数据存储介质也有用碳基材料替换的机会，前面提到，DNA 编码方式与计算机二进制编码规则有异曲同工之处，这使得用 DNA 分子代替传统硅基硬盘存储数据成为可能[132]。考虑到碳元素在稳定性、反应速率等方面的优势，以上两种材料层面的融合，或许能够成为最深入、最高效的硅碳融合方式。

第二节　融合的生命形态

随着硅碳在模式、机能和材料层面的融合，硅碳融合的生命也将随之诞生，其形态可以概括为“硅中有碳”或“碳中有硅”两种模式。

硅中有碳

前面提到，硅基计算机与碳基的人脑相比，主要落后于多模态感知决策、能量利用效率等方面。为弥补短板、提升效能与效率，硅中有碳的融合形态，主要是指硅基生命利用碳基生命的以上特性对自身进行改造升级。根据技术特点，硅中有碳具体可以分为类脑芯片、碳基芯片，以及未来的“超级替身”三种形态。

形态一：类脑芯片

类脑芯片是模式融合的典型形态，其核心理念是打破传统硅基架构束缚，借鉴人脑结构与信息处理方式，让硅基生命能够像人类一样思考，提升多模态感知决策的能力。

类脑芯片的设计主要参考人类大脑神经元结构，以及其对信息感知、处理的方式（图 6–2–1）。作为天然的精密仪器，人脑的每个神经元都只负责对一个部分的计算，而神经纤维之间突触的

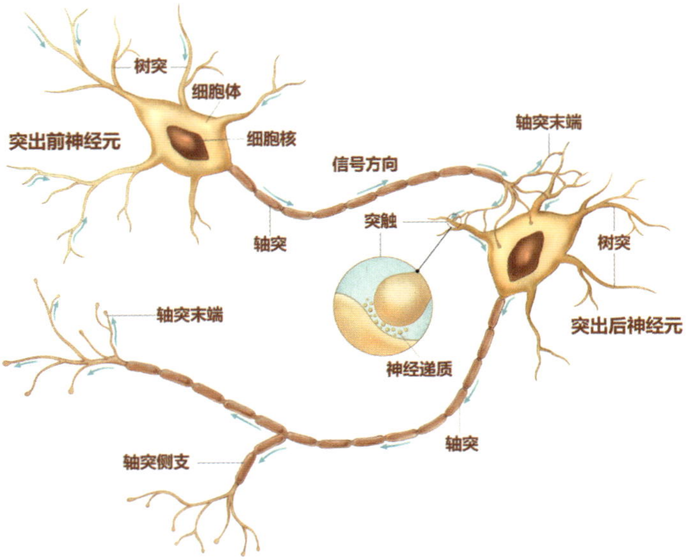

图 6-2-1　神经元之间的信号传递
（图片来源：作者研究团队绘制）

部分负责信息交互，具有一定可塑性，能够根据所传递的神经元信号强弱和极性来调整传递效率，并在信号消失后继续保持传递能力。类脑芯片在功能和架构上模拟人类大脑，其处理器类似于神经元，通信系统类似于突触。按照这样的运作模式，类脑芯片有能力实现海量数据的并行传送、分布式实时处理。相比传统芯片，类脑芯片不仅能大大提高计算速度，而且在功耗和学习能力上具有绝对优势。

目前，类脑芯片领域的研究受到业界广泛重视。比如 IBM 的 TrueNorth、英特尔的 Loihi、高通的 Zeroth、国内西井科技的 DeepSouth 等。以 IBM 为例，早在 2011 年就发布了第一款类脑芯片原型，在 2014 年又推出名为 TrueNorth 的第二代类脑芯片，包含 54 亿个晶体管和 4096 个处理核，相当于 100 万个可编程神经元，以及 2.56 亿个可编程突触。2016 年，IBM 公布与美国空军研究实验室、美国陆军研究实验室、劳伦斯·利物莫国家实验室（LLNL）在 TrueNorth 应用方面的最新合作成果，包括指纹识别、情绪识别、图像分类和对象追踪等[133]。

除类脑芯片外，基于脑科学的进步，全脑仿真（Whole Brain Emulation）技术可能为类脑计算带来突破。2007 年，英国计算神经学家安德斯·桑德伯格（Anders Sandberg）联络全脑仿真的专家们，在牛津大学人类未来研究所（Future of Humanity Institute）召开研讨会，为开发全脑仿真所需技术描绘了一幅路线图：首先绘制大脑结构图谱，了解大脑结构如何与功能匹配，最终开发出相应硬件和软件，实现人造大脑的运行[134]。

此后，2009 年，瑞士神经学家亨利·马克拉姆（Henry Markram）宣布，将用超级计算机模拟人类的整个大脑，不仅包括人工网络模型，也包括生物过程的真实神经元模型和经验重建模型连接组，希望揭开意识的本质。2013 年，欧盟牵头，联合 26 个国家的 135 个合作机构，投入 13 亿欧元开发“人类大脑计划”（Human Brain Project, HBP）[135]。除了欧盟，美国、加拿大、中国、日本等国家也都纷纷提出各自的“脑计划”，全球正在不约而同地推动脑科学的研究发展。

随着超级计算机功能越发强大，硬件问题或许不再是全脑仿真的拦路虎。一旦实现了全脑仿真，也许以下两个场景将成为现实：一是人类可以上传自己的意识，并在云端仿照大脑制造一个“副本”；二是机器可以从云端下载人类大脑信息，并且在异地实现独立运行。

形态二：碳基芯片

第五章提到，有科学家曾估算，人脑的能量利用效率大约是硅基芯片的 50 万倍，除计算能力外，要实现机器智能的进化升级，或许通过材料融合方式，用碳基材料代替硅基半导体，可以解决其能量利用效率问题。

以碳纳米管（Carbon Nanotube）为例，这种重量轻、硬度高、柔韧性强的六边形一维管状结构碳材料，是构建具有超强结构的碳基半导体器件的理想基础原料，理论上比传统硅基芯片计算速度更快且能源效率更高。2019 年，麻省理工学院的研究者曾与芯片厂商合作，用碳纳米管制造了全球首个全功能、可编程的 16 位 RISC–V 架构碳基处理器（RV16X–NANO）[136]。北京大学教授、中国科学院院士彭练矛团队在这方面也做了长期探索，曾于 2020 年 5 月在美国《科学》杂志上发表研究成果，首次同时实现高密度和高纯度的碳纳米管阵列制备，他的团队在这个领域已经走在世界前列[137]。

除了应用于处理器芯片，碳纳米管还能用于制造下一代超高灵敏度传感器件。2014 年，美国劳伦斯伯克利国家实验室（Lawrence Berkeley National Laboratory）和加州大学伯克利分校的联合研究团队，发布一种碳纳米管“电胡须”传感器。这款“人造电胡须”具有猫的胡须一样灵敏感觉的能力，比现有传感器件灵敏 10 倍以上，甚至能感应到一张纸币的飘落[138]。这种传感能力跨越式的提升，也可以看作碳基材料辅助硅基生命升级的典型模式。

除了碳纳米管、石墨烯等单质碳材料外，利用碳基生命大分子替代硅基器件也存在较大升级空间。哈佛大学（Harvard University）遗传学教授乔治·丘奇（George Church）曾类比计算机 0/1 二进制原理，利用 DNA 的 A/T/G/C 编码体系，将数据转化成为 DNA 序列编码（A/C=0，T/G=1），并使用微流控芯片合成这段 DNA 分子。当需要对数据进行读取时，只需对此基因序列进行测序，还原为二进制即可。这种“DNA 硬盘”相较于硅基存储介质，不仅重量轻、体积小（1 克 DNA 的存储能力相当于 150 千克硬盘），还具备性质稳定的特点，相比于其他需要低温、真空保存的存储介质，DNA 数据可以在普通环境下保存上百年之久[139]。

在硅基系统中融入某些碳基芯片或其他碳基元器件，实现其性能的优化和迭代升级，将是硅碳融合的一种重要形态。

形态三：超级替身

随着人工智能技术迭代升级，机器人应用已从传统的制造业逐步向服务、医疗、教育、军事等新兴领域延伸，开始替代人类完成越来越多越复杂的工作，特别是那些人类自身无法完成的活动，比如探索极端环境、在复杂条件下工作等。目前，主流的机器人仍然存在很大的局限性，比如缺乏自主判断，需要人类远程控制；对环境感知能力弱，缺乏应变能力等。不过，随着类脑计算技术和碳基计算、传感器件的发展，必将出现硅中有碳的终极形态——“超级替身”。

“超级替身”是指机器人，它可以借助硅碳基科技实现从感知到认知、推理、决策、行动的智能化进阶，并具备以下重要特征：

- 感知互联：具备多模态感知的功能，通过传感器等设备收集到海量数据，传递至云端并进行处理，实现信息分享。
- 迭代升级：收集的海量数据需要大量的智能运算，通过软件升级迭代出更多的功能。
- 共融交互：理解人类的思维和动作，对人体功能进行延伸；

能与人、作业环境和其他机器人自然交互、自主适应复杂动态环境；具备分布自主及协同作业的能力。

碳中有硅

对应硅中有碳的概念，碳中有硅是将硅基优势特色融入碳基生命。实现形态包括赛博格、脑机接口以及未来的超级人类。

形态一：赛博格

20 世纪 60 年代，美国航空航天局（NASA）的两位科学家曼弗雷德·克林斯（Manfred Clynes）和纳桑·克莱恩（Nathan S. Kline）在对宇宙旅行的研究中提出赛博格（Cyborg）的概念[140]。Cyborg 一词由控制论（Cybernetic）和有机体（Organism）拼接而成，简单说来就是将人（碳基生命）和机械系统的相互嵌入和契合所构成的人机协作系统。这种融合的方式，属于前面提到的机能融合范畴。

60 年后的今天，随着硅基材料和电子器件的发展，赛博格的概念也有了新的内涵。

首先是电子皮肤。随着柔性芯片、柔性屏、柔性电池等柔性硅基器件出现，可穿戴设备就能够无缝黏附到人体皮肤或体内，就像是“电子皮肤”（E-Skin）一样。比如，慢性病患者今后不再需要佩戴电子监测设备来跟踪心率、血压、血糖等指标，通过粘贴一片电子皮肤，病人就可以随时随地、无扰无感地监测自身体征和生化指标，并通过柔性天线实时传输给主诊医师，以便医生和患者随时同步了解病情信息。

其次是电子器官。我们熟悉的耳蜗助听器、心脏起搏器、脑起搏器等医疗器械，从某种程度上都可以认为是人造的硅基器官。随着硅基半导体技术发展，电子器官的形态也越来越先进。比如，先天性全色盲患者尼尔·哈比森（Neil Harbisson），利用一个外置的摄像头进行颜色捕捉，并将不同颜色转换成与之对应的声波，再通过镶嵌在颅骨上的震动器传到耳朵里，通过将“看不到”的颜色转化成“听得见”的声音，获得超过常人的颜色辨识能力[141]（图 6–2–2）。

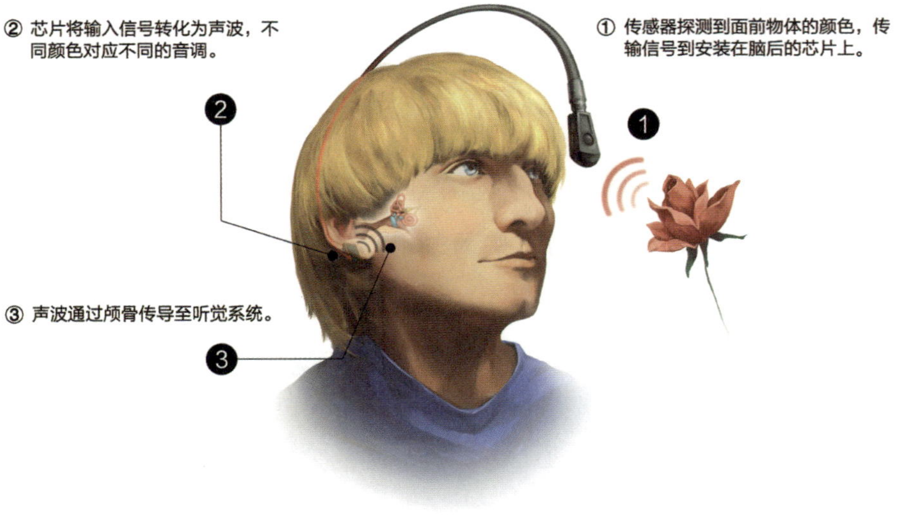

图 6-2-2　尼尔·哈比森如何分辨不同颜色[141]
（图片来源：作者研究团队绘制）

形态二：脑机接口

第二种碳中有硅的生命形态是脑机接口（Brain–Machine Interface, BMI），它通过在人与机器之间形成连接，实现硅碳生命体的机能融合。这里的“脑”指的是人的脑或神经系统，而“机”的形式是机械臂、外骨骼、无人机等机器，也可以是简单电路或硅芯片。

近年来，脑机接口技术不断获得突破性新进展。2021年，侵入性脑机接口技术的代表，埃隆·马斯克（Elon Musk）旗下Neuralink公司宣布，通过植入的脑机接口，能够让一只9岁的猕猴在没有游戏操纵杆的情况下，仅用大脑意念来控制电子游戏[142]。

美国元公司（Meta，原名脸书/Facebook）也曾公开其在非侵入式脑机接口技术方面的最新成果——解码大脑信号，将“听到”和“说出”的对话转变成文字。该系统解码感知和产生的语音，准确率分别达到76%和61%。这是全球首个实时解码大脑信号的问答语音项目，试图让失去说话能力的患者重新自由交流[143]。

目前，还有一些脑机接口技术，能够将人类的神经组织与电子义肢相连[144]，将感知的触觉信号转化为人类细胞识别的神经信号，再将触发运动的生物电信号转化为控制义肢的信息编码，残

图6-2-3　能够操作电脑的智能义肢
（图片来源：gorodenkoff/Getty Creative/视觉中国）

障人士就能更灵活、更舒适地控制义肢（图 6–2–3）。同样的技术也能够运用在一些人类自身不足以胜任的工作场景，比如机械外骨骼辅助搬运重物等。

形态三：超级大脑与超级人类

英国科学家斯蒂芬·霍金曾主张，未来的人类要开发大脑与大脑、大脑与计算机之间的连接，从而达到智慧叠加的状态，形成“超级大脑”：

- 首先，将硅基生命和碳基生命的各自长处进行融合，比如碳基生命的意识、智力、思想等汇聚到云端，用硅基生命擅长的方式进行记忆、存储、识别和运算，使碳基生命更擅长的跨领域推理、想象、创造、审美和情感等能力发挥得淋漓尽致。
- 其次，云端的互联互通特性，可以汇聚来自多人甚至是多个最聪明的人的智力，进行无障碍、无介质、无成本的沟通和分享。这样，人类能摆脱身体的束缚，将意识上传到云端、实现人脑之间无介质的沟通互动，最终形成一个无可匹敌的“超级大脑”。

“超级大脑”不只是局限于人类本身，还可将云、边、端相连接，推动所有行业完成数字化转型。以城市超级大脑为例，它可被看作城市的思考系统、运算系统、决策系统，通过打通城市的神经网络，让数据帮助城市思考、判断、决策和管理运营。城市超级大脑被验证后，可以推广复制到医疗、工业、交通等行业领域。

未来，如果将上述赛博格、脑机接口和超级大脑进一步集成，将会形成碳中有硅的终极形态——一种同时拥有超级算力、超灵敏感觉、超级肢体力量的新人类——超级人类。

第三节　融合的产业生态

硅碳融合发展，将带来新的产业机遇，形成新的产业生态。

产业生态概念

简单而言，产业生态是由社会经济体构成的、遵循价值规律的、相互依赖的一个业态共生环境和价值创造系统。

以智能手机为例，它属于无线通信这个大生态的组成部分（图 6-3-1）。可分为四个子生态：第一部分为应用软件（App）及其内容子生态，包括众多的应用软件和内容公司；第二部分为基础软件子生态，包括操作系统和算法，目前主要是两大体系：iOS 与 Android；第三部分为整机硬件系统子生态，包括手机品牌企业

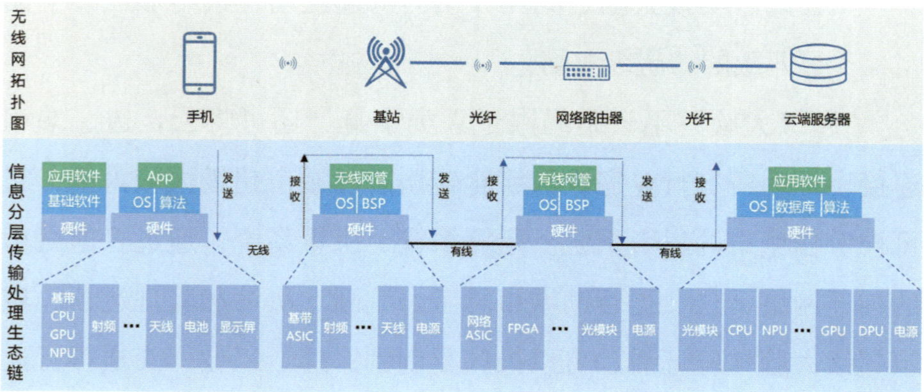

图 6-3-1　无线通信生态链
（图片来源：作者研究团队绘制）

和代工企业；第四部分为手机元件和运行软件的核心器件子生态，包括 SoC 芯片（基带 +CPU+GPU）、射频芯片、天线、电池、显示屏等众多专业化企业。智能手机的运行，还需要无线通信这个大生态链的支撑。这个大生态链包括电信运营商、系统集成商、设备制造商、芯片等元器件、软件开发等众多厂商。在云端（数据中心）和管道（基站、路由器）生态中，还有操作系统、单板支撑软件（BSP）、数据库等基础软件，以及网络管理等众多应用软件厂商。智能手机产业就是这样一个涵盖无线通信云、管、边、端、运、用，由众多专业厂商组成的，遵循价值规律、相互依赖的一个业态共生环境和价值创造系统。随着应用软件和内容的不断丰富和流量的不断扩大，系统不断迭代升级，并应用于新的场景。

变化趋势洞察

硅碳融合发展，将带来产业生态的深刻变化。洞察这种变化，可以从四个维度进行分析：一是技术，这是指某组或若干组技术进步趋势可能引起某些行业生态的变化。二是应用，这是指由于技术进步，引发某些行业应用场景的重塑。三是商业模式，这是指伴随技术进步和应用场景重塑，引起的企业价值创造和分工合作模式的改变。四是政策，这是指应对变化的政策引导。我们可以从以上四个维度观察汽车行业的硅碳融合趋势。

从技术上看，首先是动力电池、电动机和功率器件的进步，推动了汽车电动化，电动机动力系统逐步替代内燃机动力系统。同时，互联网、人工智能技术的快速发展，推动了汽车的网联化和智能化，使汽车成为集运输和通信为一体的、可以自动驾驶的交通工具和移动中的工作生活助理。还有，社会基础设施的不断完善，技术的不断成熟，人们消费理念也在改变，出行消费方式发生了从买车到买服务的变化，共享化成为一种趋势。另外，飞行器技术的不断进步和电动化趋势，使得汽车和飞行器两种设备的融合成为可能，催生能跑又能飞的交通工具，交通业将迎来“空地一体化”立体交通时代。技术进步推动汽车行业的“五化”，即电动化、网联化、智能化、共享化和立体化。随着这“五化”的演进，汽车结构和形态将借助硅碳融合的技术优势，融合进步，逐步实现最优化。

从应用上看，技术的进步，必然引起应用场景的重塑。只有重塑应用场景，技术进步的价值创新点才能得到充分展现。汽车业的“五化”，不仅是汽车机械电子电气架构的根本性变化，道路、空域以及载乘方式等都将发生相应变化，形成新的“路、空、车、人、物一体化”体系。

从商业模式上看，新一轮行业分工洗牌已经和正在发生。ICT（信息通信技术）行业的分工模式，诸如 IDM（集成设计制造）、Fabless（无工厂制造）、Foundry（代工制造服务），已然在汽车行业出现。ICT 行业手机等智慧屏应用软件和内容服务，将扩展至汽车行业。汽车电子行业，也将进化成智能应用（应用软件和内容服务）、AI 平台技术（感知、认知、决策和行动）和基础技术（计算芯片、传感芯片等硬件设施，云平台、大数据平台等软件设施）三个方面的分工合作生态关系。

这种技术变革、场景重塑、新生态构建，都离不开国家政策和法律法规的支撑。因此，洞察产业生态变化趋势，还需要结合政策和法律法规的成熟度进行判断。

然而，产业生态变化是渐进式的，既不可能一蹴而就，也不

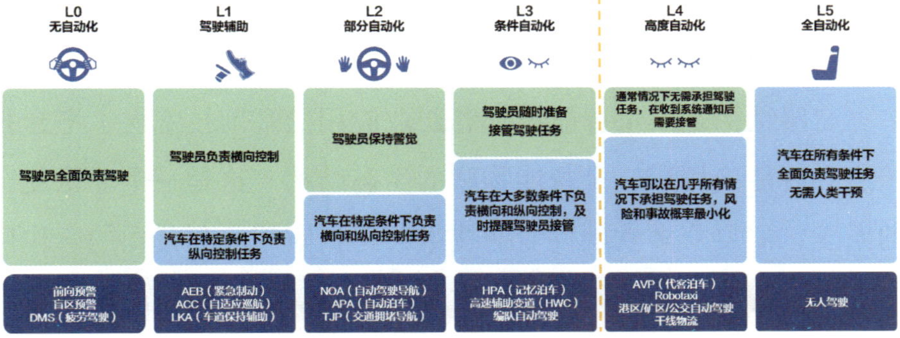

图 6-3-2　自动驾驶分级主要特点及发展趋势
（图片来源：作者研究团队绘制）

可能一劳永逸。就自动驾驶为例，往往会经历从 L1 到 L5 的演进（图 6-3-2）。

到 L5 阶段，汽车将拥有丰富精准的“知觉”，本质上就将是带有轮子的机器人。随着 L5 的广泛应用，这一机器人技术将不断进化迭代，通过硅碳融合和组合创新，衍生出新的形态，应用于新的场景，引领人类社会步入“机器人”时代。

硅碳融合生态特征

硅碳融合产业生态特征，可以从以下四个视角进行分析。这四个视角的表述可以概括为两个关键词、三层结构、三种融合方式和两种生命形态。

两个关键词是智能化和互联互通。智能物联是移动互联的延续和进步，其重要特征是在移动互联基础上，加上智能化和互联

互通。智能化就是按弱人工智能→强人工智能→超级人工智能方向发展的应用。互联互通就是包括人与物、物与物、物与人、人与人（人脑与人脑）、现实世界与虚拟世界（AR/VR/MR/XR，元宇宙[1]）的全方位连接。智能化和互联互通是紧密联系、互为促进的，是智能物联的一体两翼，也是硅碳融合产业生态的一大重要特征。

三层结构是人工智能技术和产业应用的基础技术层、平台技术层和智能应用层，是智能物联的生态结构。这是一个非常复杂的系统，需要众多软硬件专业技术公司、应用服务公司的合作协同。人工智能应用，其算法往往是某行业知识和经验的提炼，通过大量该行业数据运营实现算法和模型的迭代升级。深耕行业应用的企业往往更具有竞争力。因此，智能物联产业生态，垂直分工将成为一种不可或缺的商业模式。在现实生产和生活中，上述三层结构的水平分工、垂直分工和两者结合的混合分工模式将同时存在。

三种融合方式是模式、机能和材料三种硅碳融合方式。硅碳融合本质上就是挖掘和发挥硅基和碳基生命系统的各自优势，补上各自不足，以更好地实现智能化和互联互通。目前，无论在模式融合、机能融合，还是在材料融合方面，都已有众多企业参与进来，产业生态开始形成，可以想象，未来将有更多企业参与进来，产业生态将进一步完善。

两种生命形态是硅中有碳、碳中有硅的硅碳融合生命形态。

---

1 是指利用科技手段创造的，与现实世界映射、交互的虚拟世界，具备新型社会特征的数字生活空间。作者认为，元宇宙的本质，是半导体显示技术，通过 AR（增强现实）/VR（虚拟现实）/MR（混合现实）/XR（扩展现实）等软硬融合的系统载体，应用于更多场景，而形成的一种产业生态。其规模应用，取决于显示与感知、通信传输、算力算法等技术的进步 .

硅中有碳主要包括类脑芯片、碳基芯片、超级替身（如智能工业机器人、智能驾驶等）三类技术和产业形态。碳中有硅包括赛博格、脑机接口、超级大脑甚至超级人类等。无论是碳中有硅，还是硅中有碳，目前都已有不少企业在参与，产业生态也已形成，并将逐步完善。

将以上四个视角结合起来分析思考，可以更好地把握智能物联时代，硅碳融合的产业特征和发展趋势。

以超级大脑与智慧城市为例。随着人工智能技术和产业应用结构的不断进化，行业应用的不断丰富，将以企业等机构、行业和城市乃至国家为载体，逐步形成一个个超级大脑。应用于城市管理场景的超级大脑，就成了智慧城市的中枢。它的出现，将发挥政府官员、行业专家和城市居民的群体智慧，利用智慧物联带来的便利和效率推动制造、交通、金融、教育、家居、办公、能源、零售、艺术等不同场景相关数据的协调统一，让相关信息有序流动起来，促进生态链分工、价值创造和分配更加科学高效合理。这种变化不局限于单一城市，可能跨越多个城市，甚至多个国家之间，实现互通共享。就某个城市而言，超级大脑就是城市管理运营的指挥中枢，智能驾驶及各类智能机器人等超级替身将成为智慧城市方案落地的实施者。

再以智慧医工为例。人工智能与生命科技相互促进，推动医学与工程科学的融合进步，将彻底改变人们健康管理和看病就医模式，医学诊疗服务将更加精准、便利。

例如，用户可利用健康物联网设备采集血压、血糖、心电等日常健康数据。这些健康数据可以汇总、沉淀在统一的健康数据中心，形成连续、完整的个人健康档案，进而生成个人的“数字人体”，用户可随时随地在手机 App 上调取查看个人数据。当用户健康数据出现异常时，数据平台会第一时间发出预警，并同步通知其主管医师，经过 AI 和专业医师分析，可以精准生成个性化健康管理方案，提供传统医疗模式难以达到的精准干预或疾病诊疗服务。

当用户需要疾病诊疗服务时，可在第一时间登录线上的物联网医院，足不出户就能享受来自全国各地的名医服务。当然，线上诊疗服务仍有一定的局限性，无法完成复杂的检验、检查项目。当用户出现复杂健康问题时，可在智慧医院 App 引导下，在数字化医院享受个性化、精准化、便捷化、连续化的诊疗服务。

用户离开医院后，还能继续通过上述健康物联网设备和物联网医院，持续享受院外的延续医疗服务，保证了其服务体验的连续性与医患黏性。当用户完成疾病诊疗，需要持续康复和安养时，可继续入驻智慧康养园区，在获得日常生活服务之余，还能享受智能看护，居家健康监测、便捷就医等全方位健康医疗服务。通过智能化手段和互联互通物联网平台，实现以个人用户为中心的，健康医疗服务全生命周期数据的连贯性和精准度。

再例如，超级大脑的出现，将为癌症防控和治疗提供有效的途径。基于丰富的知识库和医疗经验、智能算法和强大的计算能力，借助基因组学的力量，超级大脑辅助医生精准、快速诊断，对肿瘤进行早筛和早诊，更大概率地发现早期癌症。另一方面，超级大脑还有助于更快地发现能够挽救生命的药物，显著缩短药物的开发周期。有了超级大脑，我们将创造一个无惧于癌症的世界。

还有，赛博格、脑机接口等技术有望为残障人士、天生缺陷的患者带来福音。在不远的将来，智能义肢、脑机外骨骼、人工心脏、人工肝脏等应用，将如同当今世界应用最广泛的赛博格——人工耳蜗一样，帮助更多的人获得健康。

第四节　未来趋势

硅碳融合发展，在衍生出新生命形态和新产业生态同时，也将在社会层面触发认知革命，丰富和扩展人类三对关系的内涵和外延。

人与自身：寿命和生命质量提升

硅碳融合发展，首先改善了人类自身，从根本上提升人类的寿命与生命质量，实现前所未有的进化。

人类有了更长的寿命、更聪明的脑袋、更强壮的体质、更高质量的生活，将会有更多时间从事自己真正感兴趣的事情；或者摆脱繁重的重复性劳作，而发展有创造性的事业；还可能从喧嚣而浮躁的现代都市中，回归自然返璞归真。经历诸多进步和变化，人类个体将更具独特性和多样性；群体将更具有感知力和创造力，人类对自身的认知将发生重大转变。

个体独特性和多样性是指充分发挥个体天赋，形成各自独特优势，以及多个独特性形成的多样性。个体依靠基因科技发现自身最突出的天赋，并在人工智能引导和帮助下，通过硅碳融合方式不断激发和发展这一天赋，使每个人都有可能变得与众不同，都能拥有某些方面的独特创造力，更强的环境适应性，更高的生活生命质量。此外，不同个体按某种特征结合在一起，共同活动、相互学习、协同工作，形成由无数聪明人智慧汇聚而成的超级大脑，甚至借助硅碳融合机制形成超级人类系统，实现人类群体感知力和整体创造力的倍增。人类自身，无论个体还是整体，都将实现前所未有的进化。

人与人：全新沟通与信任机制

硅碳融合的发展，将促进人与人之间形成全新沟通方式与信任机制。以脑机接口为例，通过对神经系统生物电活动和特征信号的收集、识别及转化，使人脑发出的指令能够直接传递给指定的机器终端。脑机接口技术在人与机器之间架起桥梁，而人类之间的交流不需要语言，仅靠大脑中的脑电信号就可以彼此沟通。

一旦实现脑脑交互，人们之间交流的速度和信息量将大大提升。现有传统的沟通方式可能会被取代，你能快速向很多人发送你的想法，同时能接受很多人的各种想法，人与人之间的误解也会大大降低。同时，新的沟通方式也促进人类不得不建立一种完全共享、透明的新信任机制，或许人与人之间相互信任的边际成本会大大降低。

当前社会的组织结构大多是中心化模式，其作用是在资源和信息不对称的情况下，集中资源和协调管理。一旦人类社会建立起全新的信任机制，更有利于统一思想、形成社会合力，提高变革效率。未来，随着硅碳融合的变革，群体智能的合力愈加显著，有利于形成分布式、扁平化社会结构体系，更高效地进行社会治理，更公平地进行资源分配。

人与自然：迎来生存空间多样化

硅碳融合发展，将促进人与自然的和谐平衡，帮助人类更好地利用地球空间，拓展地外空间，人类将迎来生存空间多样化时代，逐步成为多星系物种。

通过揭开物种的神秘面纱，发现物种的生命密码，人类拥有了深刻认识自然的能力，同自然和谐共生的方式也呈现更多可能，迎来生存空间的多样性。但资源的过度索取，又会恶化自然，进而影响到人类的生存发展。硅碳融合的发展可以帮助人类找到人与自然之间的平衡点，一方面，融合后的碳基生命，其生命素质将大大提升，可以使人类避免过度索取；另一方面，融合后的硅基生命，其能力将更加强大，可以更好地帮助人类找到人与自然平衡的策略。

今天地球上，仍有很多区域不适宜人类居住。硅碳融合发展将赋予人类有序和谐改造自然的能力，恶劣的环境都有可能被改造成人类宜居的新环境。此外，硅碳融合发展还有望加速人类迈向外太空的步伐。超级替身可以辅助人类进行宇宙观测，从数以千计的星系中挑选出合适对象进行研究。宇宙中其他星球的环境、矿物和结构跟地球相差太远，航行的过程也十分漫长。人类无法长期脱离地球的补给生存，而超级替身能够成为人的化身代替进行深度探索和星球开发。宇宙时代的开启，将会让人类获得更多的生存空间。

然而，科技带来的并不是一切都那么美好，硅碳融合发展，促使人类必须重新审视人与自然、人与人和人与自身这三对关系。它一方面把人类文明推向智能化生存的全新维度，另一方面也向人类发出了彻底反思自身及未来文明走向的强烈预警。我们应当思考，在硅碳融合的进程中，新生命形态的出现是否会引发新的种族主义？当超级人类主宰地球时，低收入人群是否能够得到普惠科技的福利？如果超级替身拥有了自我意识，是否会反抗人类的统治，产生可能的失控？对这些问题的讨论，我们将在七、八、九章中展开。

第三部分

产业发展对人类社会未来影响

第七章　普惠的科技

我们在前面几章中探讨了硅基、碳基科技的进步，畅想了未来硅碳融合的生态。这些科技就像启明星，为世界带来光明的希望。但科技发展的最终目的是为了人类的福祉，普惠全人类。这同商业的本质也是吻合的。商业的本质要求是以相对少的投入获得相对大的回报。科技成果若能为更多人服务，其投入产出也一定会是更好的。这里的两个关键因素是规模和性价比，两者既互为前提又互为结果。普惠应该是一种企业家精神，就像松下幸之助先生曾说的：让家用电器像自来水一样便宜，流进千家万户。正如本书第三章所述，这种科技的普惠理想，往往是在产业发展从不平衡到再平衡的过程中实现的。

第一节　新的不平衡

不平衡与再平衡

社会进步，是在不平衡和再平衡交替反复、循环上升过程中艰难实现的。

经历了三次产业革命的当下，人类的生活发生了天翻地覆的变化。从水车、风车到化石燃料，再到后来的电能、核能，驱动人类活动的能源增强了万亿倍；从发明蒸汽机到制造汽车、火车，再到飞机翱翔天际、火箭穿梭太空，人类活动的半径已扩展至星际；从烽火狼烟、飞鸽传书，到电报、电话乃至网络和移动网络，人类沟通的周期从数月缩短至毫秒；从草药医学到X射线、抗生素发明，再到人工器官、基因治疗，人类的平均寿命已然延长数倍。地球上没有任何生物能像今天的人类一样，既能够轻松驾驭比自身重达千百倍的巨大机器，也能随意支配自然资源，让漆黑的夜晚像白天一样光明，让寒冬像春天一般温暖。这一切变化都源自于科技对人类生活的改变。

不过，这种改变并不是一开始就平均分配的，往往是先从掌握资源和科技的国家和人群开始，逐渐向全球和更广泛的人群扩展，最终造福全人类。因此，当一种改变开始的时候，往往只有少部分人能看到趋势，当大部分人都享受到变化时，这个趋势往往已接近尾声，新的趋势即将开始。正如美国著名科幻作家威廉·吉布森（William Ford Gibson）说过的那句名言："未来已来，只是尚未平均分配"[145]。随着历次产业革命的梯次演进，人类社会形态、生产方式不断变革，这种发展不均衡现象也不断加剧。2017年，华盛顿州立大学（Washington State University）考古系教授蒂莫西·科勒（Timothy A. Kholer）在《自然》杂志发表的文章[146]印证了这个事实——狩猎时代的社会基尼系数约为0.17，大规模农业社会的基尼系数约为0.35，而进入现代文明后，社会基尼系数已迈过0.5大关，根据2016年安联全球财富报告计算，美国基尼系数已达到惊人的0.81，而北京大学2014年发布的《中国民生发展报告》显示，中国2012年的基尼系数也已达到0.73[147]。

这种不平衡现象在国与国之间更为明显。前三次产业革命，英、美等先发国依靠蒸汽机、电力和信息技术带来的巨大技术优势，迅速扩张了生产力，打开了全球贸易网络，全球优势资源也被牢牢掌握在这些先发国手中。根据 2021 年瑞士信贷银行《全球财富报告》发布的数据[148]（图 7–1–1），美国的超高净值富豪数量，大约是其他国家或地区总和的两倍。

当然，如第三章所述，后发国家若能抓住机遇，政策得当，就能打破这种不平衡，在再平衡的赶超中，追上先发国家。第一次产业革命后美国赶超英国，第二次产业革命后日本和亚洲“四小龙”的发展，尤其是第三次产业革命后期中国大陆的崛起，都是典型案例。

随着第四次产业革命到来，新的不平衡也将随之产生，然而，从不平衡到再平衡过程中恰恰蕴藏着巨大机会。移动互联、物联网和人工智能技术为全世界人与人、人与物、物与物的高效连接提供了便利。人们将有更多机会和方法推广科技普惠应用，

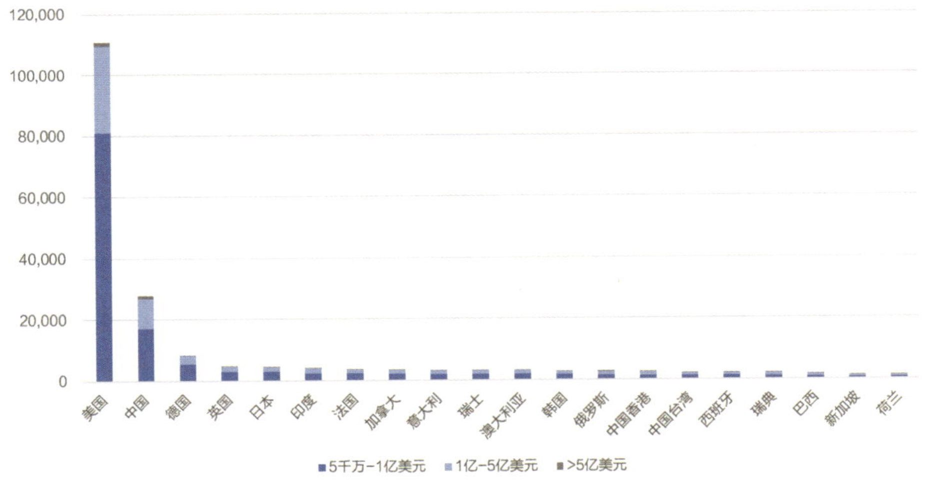

图 7–1–1　2021 年瑞士信贷银行《全球财富报告》中反映的超高净值人群分布[148]
（图片来源：作者研究团队绘制）

创造更广泛的价值，将科技带给人类的福祉逐步达致最大化。

三大鸿沟

随着产业革命演进，人类社会基尼系数不断上升，不平衡现象加剧。第一、第二次产业革命产生了城乡鸿沟，第三次产业革命产生了数字鸿沟，第四次产业革命将产生智能鸿沟。从全球视角看，前两大鸿沟依然不同程度地存在，第三大鸿沟正在形成。

前两次产业革命后，蒸汽机、电动机带来生产方式革命，大量农业人口集聚到城市的大工厂中。与这些使用机械化工具生产的工厂相比，传统农业和小手工业者对社会财富的贡献比例日益减小。随着城市工业总产值扩大，社会资源、财富也更多地向城市集聚。在马太效应作用下，城市和乡村之间逐渐形成难以逾越的城乡鸿沟。第三次产业革命后，城乡鸿沟虽然逐渐缩小，但在不同国家仍不同程度存在。而信息技术的时空分布差异带来的生产力差距，又在不同国家地区和不同个体间形成了数字鸿沟，从而加剧了新的不平衡现象。随着互联网技术的应用普及，每个人在互联网面前都能获得同样的信息、同样的知识和平等的服务，数字鸿沟似乎正在不断缩小。但随着第四次产业革命的推进，数字鸿沟正在悄然被一种因算法、算力和数据积累水平差异所导致的、人工智能技术发展与应用不平衡而产生的智能鸿沟替代。如果说数字鸿沟带来的，是信息化工具对部分欠发达地区低端劳动力的替代，那么智能鸿沟将会是对所有国家和所有人群的挑战，因为人工智能是一种几乎不限场景，有着最广泛应用领域的颠覆性技术。

在国际层面，未来世界格局的变化，将不能再用传统的地缘政治眼光进行分析观察，人工智能技术发展水平差异不仅将颠覆世界经济、军事、政治的既有格局，也会在智能化国家与非智能化国家之间拉开越来越难以追赶的差距。比如，对于拥有大量劳动力资源的发展中国家和欠发达国家来说，人工智能和机器人对劳动力的替代，会不会将他们的人口红利转变为经济累赘？2000年至今，绝大部分发达国家以及中国等新兴经济体中，劳动力对国内生产总值的贡献比重都在大幅下滑，该现象已部分印证这种担忧成为现实的可能性。

在企业层面，广泛应用人工智能技术的企业，能够通过优化生产效率和降低生产成本的方式，在价值链条中占据优势生态位，在竞争中快速扩大规模，形成赢家通吃的局面，比如无人驾驶的车联网与智能物流系统将取代共享车系统和快递公司。美国管理咨询公司麦肯锡的一项研究结果显示，对人工智能技术应用领先的世界前 10% 的公司，未来 15 年的增长速度可能是其他公司的 3 倍，这就意味着会有一批新的、应用了颠覆性创新技术的“超级企业”诞生。

在个人层面，人工智能将广泛应用于新的商业模式、产品和服务，而这些场景对其从业者的技能要求也会发生巨大变化，具备人工智能应用开发能力和创造力的个人，或将成为企业人才争夺战的主要对象。与此同时，随着人工智能技术的渗透进入越来越多的传统行业，各类基础技术劳动岗位正在以飞快的速度被机器人所替代，比如卡车司机、外语翻译、电话客服、新闻记者，甚至是律师、医生、演员等等。

世界和各国经济发展再平衡的过程，就是推动科技普惠和缩小鸿沟的过程，这就是机遇。

第二节　再平衡的机遇

消除鸿沟和“四化”建设

虽然，从城乡鸿沟、数字鸿沟到如今的智能鸿沟，每次生产力革命对社会的影响范围和影响力度都在逐渐加剧，但随着创新技术的使用，人们消除这三大鸿沟的难度则将越来越小，速度也会越来越快：在蒸汽时代和电力时代，城乡鸿沟是一种天然的物理屏障，逢山开路、遇水架桥所必需的成本和投入是巨大的；到了信息时代，“信息高速公路”在某种意义上突破了地域间的物理屏障，加速了城乡鸿沟的消除，但信息化基础设施的普及应用，至今仍是一个不小的挑战；当下，借助人工智能低成本、低门槛的特质，我们在消除智能鸿沟的同时，将有极大机会快速缩小，甚至可能一举消除城乡鸿沟和数字鸿沟。

第一、第二、第三次产业革命分别推动了社会的机械化、电气化和信息化发展，第四次产业革命是社会智能化的产业革命，但机械化、电气化和信息化仍在继续，仍在发展。它们之间是一个接一个的递进并包含的关系，即电气化包含着机械化，信息化包含着电气化和机械化，智能化包含着信息化、电气化和机械化（以上简称“四化”）。这“四化”也是相互促进、相互依存的一个整体，比如，小到一台智能检测设备，大到一家智能制造工厂，甚至一座智慧城市，都是这样的整体。可以预见的是，消除三大鸿沟的过程，就是在同步推进社会“四化”建设的过程。通过科技推广应用和普惠，解决不平衡问题，形成再平衡状态，蕴藏着巨大的产业机遇。

抓住机遇，需要结合本地区实际情况。由于发展在区域间是不平衡的，对四化的需求也不尽相同，一些落后地区可能以机械化、电气化为主，有些地区可能以信息化为主，相对发达地区的重点则可能是推进智能化。这些都是科技普惠带来的机遇。

抓住机遇，就要进行技术与普惠应用的创新。以个人电脑（PC）时代为例，早在1972年，施乐公司就研发并定义了个人电脑，苹果公司也在20世纪70年代推出两款Macintosh个人电脑，但由于价格过高，使用人群过少，这些产品对社会产生的影响力十分有限。而PC时代的真正开端，是以1981年IBM公司的PC机出现为标志的，这也是人类历史上第一款称得上“普及”的个人计算设备。IBM的PC机之所以能够普及，是因为IBM公司开创性地将Intel公司的芯片和微软公司的DOS操作系统纳入体系，用工业化应用思维创造了PC市场行业标准。此后，IBM在开辟了巨大市场空间的同时，也通过行业分工协作体系带来的规模效应，使昂贵的电子计算机成为真正普惠的科技产品，进入了寻常百姓家。IBM PC的成功也为其自身和整个行业带来了巨大的商业价值——IBM的市值由1980年365亿美元，在短短5年内就增长到956亿美元[149]。

科技普惠并不是技术的无偿使用，而是技术的有偿推广。为了促进技术创新，保护专利等知识产权是必需的制度安排。因为技术只有得到保护，才能更有利于推广，但这种推广是有偿的，而这种有偿也是有期限的。封闭和封锁，恰恰不会促进技术进步，反而会由于无法得到普及应用，使技术无法适时快速迭代完善而导致落后，失去价值。

平民化与迭代

观察崛起于前三次产业革命中的巨头公司，尽管它们都各有其核心技术发明，但其成功却都来自于这些技术的应用创新和平民化普及。通过技术的应用创新，形成规模效应，不断降低成本，实现平民化普及；又在普及中不断迭代创新，形成新的技术，创造新的应用。如此这般的平民化普及和迭代创新，培育了新产业，推动了新发展。

以液晶显示产业为例。液晶技术最早诞生于美国无线电公司（RCA）的普林斯顿实验室，该实验室试图以此开发“墙上挂着的电视”而封闭式研发了 20 年，却一直未能取得突破，于是就将技术转让给日本公司。日本公司接过技术接力棒，在笔记本电脑产品上找到规模应用市场，奋斗 15 年终于将液晶电视推向市场，但价格高达数万元人民币。韩国步日本后尘，从美国曲线获得核心技术，突破了日本的技术垄断，又努力 10 年将液晶电视价格拉低到万元左右。日本为了应对韩国的挑战，将技术转让给中国台湾公司。京东方等中国大陆企业，历经 10 余年的砥砺前行，又将液晶电视价格拉到千元级，并由此实现了全球性的普及。不到 20 年时间，中国大陆生产的液晶显示器件便从零起步直到占全球市场份额的近 70%。纵观液晶显示技术与产品发展史，前后历时 60 余载，历经美国公司、日本公司、韩国公司、中国台湾公司、中国大陆公司的几代技术创新和迭代，利用各自禀赋和能力优势，共同造就了今天“显示无处不在”的世界。而平民化普及和迭代就是其发展的密码。

从 2016 年开始，人类迎来了第四次产业革命，由此开启了智慧物联时代，其伴生的智能鸿沟正在形成。在这个时代里，通过科技应用创新，激发规模效应，促进迭代升级，实现技术的平民化普及，已成为基本趋势，这也是缩小乃至消除三大鸿沟的重要路径，是发展的新机会。

例如，借助5G网络和智能手机的普及，无论是城市还是偏远地区的人们，无论是年轻人还是七旬老人，在抖音、快手等人工智能驱动的内容分发平台上，都可以成为“网红”和“达人”，都可以通过科技的普惠提高其收入，改善其生活。而这些科技公司，也可以通过科技的平民化普及，实现其规模效应和技术迭代升级。

在未来万物互联的时代，举凡制造、能源、医疗、交通、文娱等各个产业或许都将迎来无法估量的增长机会，也必然会诞生引领时代的超级公司。对于企业家、创业者而言，要想抓住机遇，就必须思考两个问题：一是能否有助于科技的普惠化和平民化，造福社会；二是能否推动技术迭代升级，实现可持续发展。

第三节　从普适到普惠

本节讨论科技平民化普及的模式。前三次产业革命，人们需求的关切主要聚焦于产品功效上，其生产组织模式基本上是规模化大生产，通过标准化制程和规模化大生产，不断降低成本，激发规模效应，实现科技的平民化普及。而到了第四次产业革命，人们不仅关切产品功效，更加重视用户体验。个性化定制模式便应运而生。前者来自于普适思维，后者则来源于普惠思维。

普适和普惠思维

普适思维意味着将某项技术、产品或服务打磨成为一种普遍适用的通用形态，使之能够通过“流水线”的模式生产，快速形成规模化推广应用的能力。普适思维背后的逻辑，是以技术拥有者的角度打量用户需求，从“我”出发，着眼点在于“我有什么”而非“你要什么”。第一次产业革命后，开发普适的技术、产品或服务成为社会主流生产方式，我们今天见到的大多数工业产品也都遵循着普适的逻辑。这种标准化、规模化的生产方式有其高效率、低成本的优点，不过，也存在显而易见的弊端，就像流水线上生产的鞋子无法舒适地穿在每一双脚上一样，标准化产品服务也同样无法 100% 满足千人千面的需求，只能通过牺牲部分用户体验换取成本优势。

普惠思维与普适思维不同，其背后的思维逻辑是从用户角度出发，将技术与不同行业和专业融合，用个性化、多样化、客制化的技术、产品和服务惠及每个行业和所有人群。与普适相比，普惠的科技拥有更有效、更低成本的特性：首先是更有效，比如拥有海量细分应用，能够满足人们衣食住行各个方面不同个性化需求的智能手机完全替代了标准化功能与应用的功能手机；其次是更低成本，比如从雕版印刷术到活字印刷术，再到电脑打字排版与多媒体技术，人们传播信息的时间和物料成本不断下降。可以说，只有具备了更高的性价比，普惠的科技才有机会替代普适的技术，更好地解决客户痛点并激发其兴奋点，这是抓住第四次产业革命机会的关键。

从企业角度来看，普惠思维下的个性化、客制化模式似乎同传统规模化生产方式天生相“克”——虽然个性化产品意味着更高利润空间和品牌价值壁垒，但如果无法应用现有流水线模式缩减生产成本，规模效应就出不来，那么科技的平民化普及就不可能实现。而且，个性化产品的高昂价格一旦超出客户承受范围，“普惠”二字便将无从谈起。同时，对于企业而言，即使单一产品溢价很高，但若没有足够的销量支撑，也很难维系整个生产体系的运营成本。这样看来，个性化和客制化的逻辑在工业化规模生产中，似乎是一道无解的商业悖论。

新生产组织模式

在智慧物联时代，上述商业悖论可以化解。随着人工智能和物联网技术的进步和普及，智能化柔性生产已经成为现实，这种生产模式既可以保持规模化生产的成本优势，又可以实现个性化生产的客户体验优势，并已成为新时代的一种新的生产模式，即普惠思维的生产模式。这种生产模式的特点，就是利用大数据、人体工程学等技术，挖掘用户个性化需求，进行个性化产品或服务设计，以不断改善用户体验。同时，利用人工智能和物联网技术，提升从供应链、生产到销售的整体效率，降低各个环节成本。这套模式拥有一个能够将人、数据和机器连接起来，打造出一个全要素、全产业链、全价值链的智能化生产制造信息平台。通过该平台完成实时客户需求分析、个性化订单处理、产品设计开发、物料供应、生产过程控制、仓储物流和销售等环节的各项工作。

未来，人们或许将生活在这样的场景中：清晨，在量身定制的智能床垫上苏醒，使用根据个人齿形特征的电动牙刷完成洗漱，在享受符合个人偏好和营养需求的早餐后，再乘坐根据身形、坐卧习惯定制生产的汽车出发，开始专属于自己的美好一天……为了实现这个创想，全球诸多企业已开始在智能制造、智慧物联、智慧医工等多个行业领域布局，希望能够利用人工智能和物联网技术为人们带来更加美好的生活。

从以往的普适思维生产组织模式，到智慧物联时代的普惠思维生产组织模式，已经成为下一波竞争的重要内容。作为全球人口最多、应用场景最丰富的国家，中国已初步具备了人工智能、生命科技和纳米技术等第四次产业革命主流技术应用推广的绝佳土壤。在此重大历史机遇面前，我们完全有能力抓住机遇，推动生产组织模式的转变，加快新技术的普及应用，造福社会、造福人民。

第八章　可能的失控

在硅碳融合的科技、产业演进中，人类生活方式与三对关系都将发生重大变化。但科技是一把双刃剑，人们在享受科技带来的福祉时，也必须警惕其负面作用，及其可能带来的社会失控甚至灾难。本章以人工智能、生命科技可能存在的失控风险（表 8-1）展开讨论。

表 8-1　人工智能、生命科技可能存在的失控风险

人工智能失控	·身份冒用	AI 伪造面部视频、声纹等生物学特征
	·恐怖袭击	能够自动识别对象，精准刺杀的武器
	·权利滥用	技术被寡头垄断，算法无法中立、公正
	·智能退化	在“用进废退”规律下，大脑将可能退化
	·取代人类	AI 自我意识觉醒，将一瞬间取代人类
生命科技失控	·基因武器	人为创造有毒有害作物，发起生物攻击
	·生态破坏	未知基因片段不可逆地混入自然基因库
	·阶层分化	特权阶层优化基因，产生“高级人类”
	·伦理冲击	克隆人、进化人将面临身份认同问题

实际上，人类对科技失控的担心自古有之。中国古代的《庄子·天地篇》就曾有“有机械者必有机事，有机事者必有机心”的观点[150]，认为技术是道德沦丧的根源。我们从“奇技淫巧”这类带有贬义色彩的成语中，也能一窥中国文人历来存在的对技术的偏见。在西方世界，同样存在“科技是人类思想枷锁”的观点。诸如，法国思想家卢梭（Jean-Jacques Rousseau）认为“科学技术

产生于游手好闲和奢侈，又助长人类的这种恶念”。卡尔·马克思（Karl Heinrich Marx）也曾提出“机器能够提高生产力，却引起了饥饿和过度疲劳”。20世纪以来，尤其是原子弹发明之后，人们对技术的批判更加激烈、更加理论化，不少学者都认为，快速发展的技术，将夺去人的自由、幸福，使人丧失个性、自主性和创造性，沦为技术的奴隶。在知识和信息大爆炸的今天，人类科技发展进入快车道，今天的我们正面临着前所未有的压力，即需要无休止地应对和适应来自世界各处的飞速变化，一切不明智的选择，都将有可能造成全球范围的纷扰和慌乱，影响甚至改变全人类的命运。

正如英国著名社会学家安东尼·吉登斯（Anthony Giddens）在《失控的世界：全球化如何重塑我们的生活》中提到的“科技是被制造出来的风险，科技风险源于人类的科技活动”[151]。科技失控的来源可以总结为三个层面：一是人类没有边界的欲望，让科技被别有用心者所利用；二是人类本性的无知和傲慢，让科技逐渐脱离控制；三是社会秩序、制度和法规滞后于科技发展，放任技术的错误应用和滥用。

第一节　没有边界的欲望

人类在种种贪婪欲望驱使下的恶意应用，是科技失控的重要原因之一。比如使用火的技术，如果用火来加工食物，或是用以照明、取暖，这样的火就是人类文明之光。相反，如果用火烧毁家园或是引爆炸弹，这样的火就是恶魔之焰。同样，如果利用采矿和金属冶炼技术制作农具，就能有效提高粮食生产力，改善人类生活。但若使用青铜或铁打造兵器，人类就会在刀光剑影中自相残杀，导致毁于一旦。科学技术本身是中性的，决定其性质好坏的，是使用它的人类的价值取向。目前，人类由于错误的价值取向所造成的技术失控，主要分为五类：网络黑客、恐怖组织、科技疯子、黑金集团和裹挟困境。

网络黑客

网络黑客是为满足个人或某些团体的私欲，将信息技术错误应用的典型代表。信息革命以来，尽管信息和数据安全的重要性早已深入人心，防范手段和人们的信息安全意识与日俱增，但针对个人或组织的信息犯罪造成的危机仍在不断升级。在万物互联的物联网时代，无处不在的数据将数据安全的防线无限拉长。除传统的信息安全攻防战场外，诸如指纹、声纹、虹膜、面孔等人类生物学特征秘钥信息，已成为网络黑客的重点攻击目标。这些信息一旦被窃取、滥用、破坏，将会对公民个人财产安全和公共信任带来失控的巨大危机。

以名声大噪的“Deepfake”技术为例。Deepfake 一词，是“deep learning”（深度学习）和“fake”（造假）的英文组合词，又被称作“深度伪造”。顾名思义，这是一种基于深度学习的造假技术，其最常见的应用是在视频中把一张脸替换成另一张，因此也被称作“人脸交换”（Face swap）技术，使用这种技术制作的换脸视频很难用肉眼辨别真伪[152]。

正如前面提到的，Deepfake 技术本身是中性的，如果将其用在虚拟试衣搭配、虚拟影视技术、匿名化医学研究等领域，就能创造有益的价值。但是，随着 Deepfake 技术门槛不断降低，此项技术一旦出现大量错误应用，则很可能给社会和个人带来极大危害。由于深度伪造技术可以让虚假信息以高度可信的方式呈现给社会公众，从而操纵观众的情绪反应，引发社会真假难辨的信任危机。一旦被居心不良者乃至敌对势力利用，作为诋毁社会、破坏公德良序、煽动恐怖和暴力活动、挑拨国家矛盾的工具，势将动摇和摧毁社会公信力，触发社会不安定乃至动乱。目前较为常见的事实是，Deepfake 技术对个人权益造成严重损害，例如，对女性恶意污化，使受害人名誉、隐私严重受损，并使其承受极大的精神折磨。又例如，由于人脸识别技术已经在上班打卡、刷脸购物、支付、手机解锁等场景得到广泛应用，在上述领域，对公民个人隐私、财产安全、生命安全等产生相应威胁。

恐怖组织

英国科学家斯蒂芬·霍金生前曾多次表达过“科技是人类的威胁”的观点，这样的观点曾引发社会担忧。其实，人们真正担忧、惧怕的并不是科技本身，而是隐藏在科技背后的人心之恶，惧怕的是基于邪恶动机的研发者、操纵者借技术之力放纵内心的黑暗。

恐怖组织和恐怖分子是利用技术作恶的典型团体，他们已经将科技广泛应用在邪恶宣传、成员招募、信息发布、恐怖袭击等环节。

“洗脑宣传＋恐怖统治”，曾是希特勒最得意的统治手段，而如今的恐怖分子也深谙其道，他们使用互联网技术，在 Twitter、Facebook、Instagram、YouTube 等社交平台散播自己所谓的教义，并通过多元的账号互推、不间断发送、统一标签等手段，绕过平台信息发布监控系统，多次制造“热门话题”，煽动不明真假善恶的人声援恐怖行动甚至加入恐怖组织[153]。

在通讯手段上，恐怖组织还会通过在线文本编辑平台、在线音频平台、电子游戏社区、色情聊天室，甚至专用的移动 App 等方式沟通行动计划，这些“创新”的科技应用，给反恐机构追踪和打击犯罪分子带来难题。

最令人担忧的，是恐怖组织、“独狼式”恐怖分子对大规模杀伤性武器的使用。以美国波士顿马拉松比赛引爆的压力锅炸弹为例，其引爆装置竟是厨房中常用的计时器。而在伊拉克，手机、电子表等电子设备竟相成为炸弹的引爆器，令人防不胜防。随着无人机、自动驾驶汽车等技术日渐成熟，这些工具也开始成为恐怖分子新的“无人驾驶炸弹”。

斯蒂芬·霍金、埃隆·马斯克等上千名知名科学家和人工智能专家曾于 2015 年签署公开信，指出人工智能武器将在未来几年出现，敦促联合国发布针对“攻击性自动化武器”的禁令。但这项倡议对恐怖分子是无效的，所以导致各国军方加快研制人工智能武器和反人工智能武器的防御性武器，这或许会成为继核弹后的下一次武器革命，给人类带来新的隐患与恐惧。

科技疯子

创新和创造能力是科学家和发明家的必备素质，他们那些看似大开脑洞的奇思妙想，往往能为人类科技跨越式进步埋下种子，比如伦琴发现 X 射线、弗莱明（Alexander Fleming）发现青霉素、莱特兄弟发明飞机、冯·诺依曼发明计算机等等。在为全人类带来福祉同时，这些举世瞩目的发现或发明也为原创者带来巨大的财富和名望，为后来者树立了典范。不过，如果一些科技工作者过分看重利益或地位，急于推出不计后果的研究发现，人类将承担他们铤而走险的风险，甚至后患无穷的代价。如果一些科技偏执狂无视法律法规的明确禁止，追求个人冒险赌博的成功，就有可能走上“科技疯子”的歧途。

诺贝尔化学奖得主、德国化学家弗里茨·哈伯（Fritz Haber）是史上最臭名昭著的科技疯子之一。这位曾经发明氨气合成法、推动农业进步的顶尖科学家，曾在一战期间被盲目的民族沙文主义冲昏了头脑，所谓的爱国热情和荣誉感，让这个本该备受尊敬的科学家成为万众唾骂的恶魔——哈伯将自己的化学实验室改造成为化学武器的试验场，主动研发并付诸实践芥子气、光气等反人类的化学武器，直接导致了130多万人伤亡。此等斑斑劣迹让哈伯从科学家沦为战犯，在1918年诺贝尔奖颁奖仪式上，很多科学家都不愿意与他站在同一个领奖台上[154]。

2018年11月，曾让全球科学界抨击的CRISPR技术基因编辑双胞胎事件[1]，也是科学家利欲熏心造成失控的典型代表。这种明知存在巨大技术风险，却一意孤行地在人类生殖细胞上实施基因编辑的行为；这种明知违背国际公约、科学伦理，却丧失科学家良知而沽名钓誉的行径，被美国《时代》（*Times*）杂志评价为“历史上科学工具最令人震惊的误用之一”，为快速发展的生物医学领域蒙上了一层阴影[155]。无独有偶，在基因科技领域，曾经轰动一时的赛莱拉公司，也曾计划将人类基因组文库申请专利，若不是时任美国总统的比尔·克林顿（Bill Clinton）出面干预，关乎人类命

1　指2018年11月26日，深圳某大学科研人员宣布一对基因编辑婴儿于11月在中国诞生。该行为被认定其为追逐个人名利，蓄意逃避监管，实施国家明令禁止的以生殖为目的的人类胚胎基因编辑活动，事件当事人已于2019年12月被依法追究刑事责任。

运的基因图谱专利将有可能落入私人之手，为全球医疗科技领域带来无法想象的失控[156]。

黑金集团

马克思在《资本论》中提到：资本如果有50%的利润，就会铤而走险；如果有100%的利润，就敢践踏一切法律；如果有300%的利润，就敢犯下任何罪行，甚至冒着上绞刑架的风险[157]。这个观点指出，在巨大利益诱惑下，即使是危险，科学技术也可能沦为黑金集团敛财的法宝。在人类产业史上，这样的事例并不少见。例如，据有关文献和媒体报道，美国孟山都公司（Monsanto Company）旗下的多氯联苯、DDT等化学药剂，都曾在公司利益驱使下对人类社会和自然环境造成了难以估量的伤害[158]。

以多氯联苯（PCB）为例，这种用途广泛、成本低廉的化工产品对环境和人体有着强烈毒性——凡是接触到PCB的人，轻则产生皮肤红疹、痤疮、暗黑，重则毁容、免疫紊乱甚至丧命。但因PCB的经济价值可观，孟山都数十年来一直将其作为明星产品，成为公司不倒的“摇钱树”。据一份孟山都内部解密文件显示，早在1937年，该公司就已知道PCB的毒性，但在暴利驱使下，仍对其危害置若罔闻，酿成了一系列荼毒公众的案件。1961年在日本爆发的米糠油中毒事件震惊世界。更令人发指的是，在1979年美国禁止PCB之后，孟山都就把工厂搬到国外，直到2001年才停产[158]。

PCB造成的伤害难以挽回，孟山都美国工厂所在地安尼斯顿（Anniston）镇，2000多名居民体内的PCB含量超过正常人200倍以上，脑肿瘤、肺癌、肝炎、心脏病、糖尿病等成为这里的流行病[158]。

孟山都生产的另一个产品 DDT。这种难以降解且毒性巨大的化学药剂，被其包装成一种完美的杀虫剂，导致了 DDT 的滥用，对生态环境造成难以估量的长期损害。《寂静的春天》一书曾对 DDT 造成的恶果这样描述："这是一个没有声息的春天。这儿的清晨曾经荡漾着乌鸦、鸫鸟、鸽子的合唱以及其他鸟鸣的音浪；而现在一切声音都没有了，只有一片寂静覆盖着田野、森林和沼地。"[159]

裹挟困境

除了科技疯子外，还有一种可称为"裹挟困境"的情况，会迫使一些科学家不得不在近乎被绑架的状况下，参与一些有悖科技伦理的研究，那就是在利益集团的竞争、战争等极端情况下，某些科学家被所谓的道义和价值观所裹挟，在一切理智的、理性的反对意见均被压制的情境下，只能闭上嘴巴，在汹涌的潮流中随波逐流，客观上助纣为虐。

第二节　无知和傲慢

人类科技和文明进步，依赖于好奇心驱使下对未知世界的探索，而在我们探索未知、勇敢创新的同时，新事物、新技术、新工具又一定会带来新的未知，这些未知是客观存在却又无法预测的，正如苏格拉底说过的"我知我无知"。从这个角度来看，人类的过去、现在和未来都是无知的，我们大脑的认知水平总是滞后于手中掌握的技术。正如很多智者感叹，已知越多，未知更多（图 8-2-1）。然而人类与生俱来的自负与傲慢，却又往往让相当

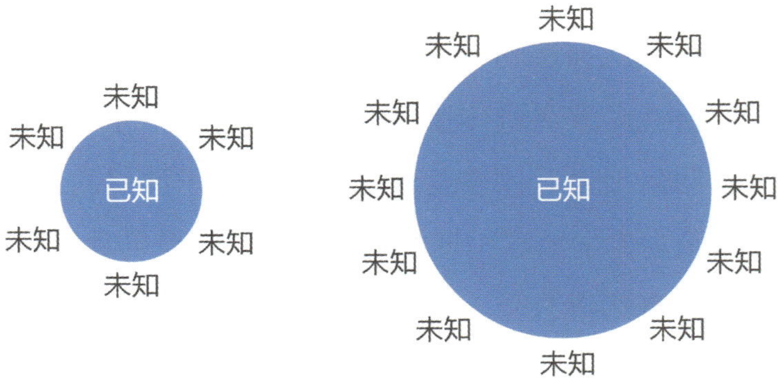

图 8-2-1　人类认知领域越大，面对的未知也越多
（图片来源：作者研究团队绘制）

多的人低估了认知局限、技术不确定性的危害，从而引发失控，甚至造成人为的灾害、灾难。

认知的局限

人类认知水平局限与高速发展科技之间的矛盾，是造成科技失控的重要原因之一。例如，一度被认为是万能定律的牛顿定律，虽然划时代地解释了很多物理现象，却无法突破当时的认识局限，由此并不适用于高速运动物体和微观粒子。试想，如果用牛顿定律强行指导量子计算机工作，恐怕会带来不小的问题。这个例子说明即使是天才，也难以克服人类认知的局限性，而超出人类认知范围的科技应用，则势必会带来难以预料的后果。

上世纪初至今，由于人类的认知局限，科技应用的失控案例，已经为地球生态和人类生存环境带来多次灾难：曾被广泛使用的农药 DDT，虽然有很好的杀虫效果，但它逐渐被证实无法被生物分解，以至于毒素沿食物链累积，最终危害人类健康；氟利昂的使用曾经为经济发展作出过巨大贡献，但直到 1987 年，科学家才发现它对臭氧层的危害是不可逆的，甚至是毁灭性的[160]（图8-2-2）；X射线能穿透物体，可以用于疾病诊断和材料探伤等领域，但其放射性对人类身体造成的恶性肿瘤、胎儿畸形等危害却在该技术发明数十年后才被发现。同这些例子类似的，还有伦敦雾霾、洛杉矶光化学烟雾、日本水俣病、切尔诺贝利核泄漏等等，这些严重影响自然生态和人类生存环境的灾难，都是因为人类对技术的副作用认知不足，或是对技术滥用的危害估计不足所造成的。

技术的不确定性

与DDT、氟利昂、X射线这些存在副作用的技术不同，有一

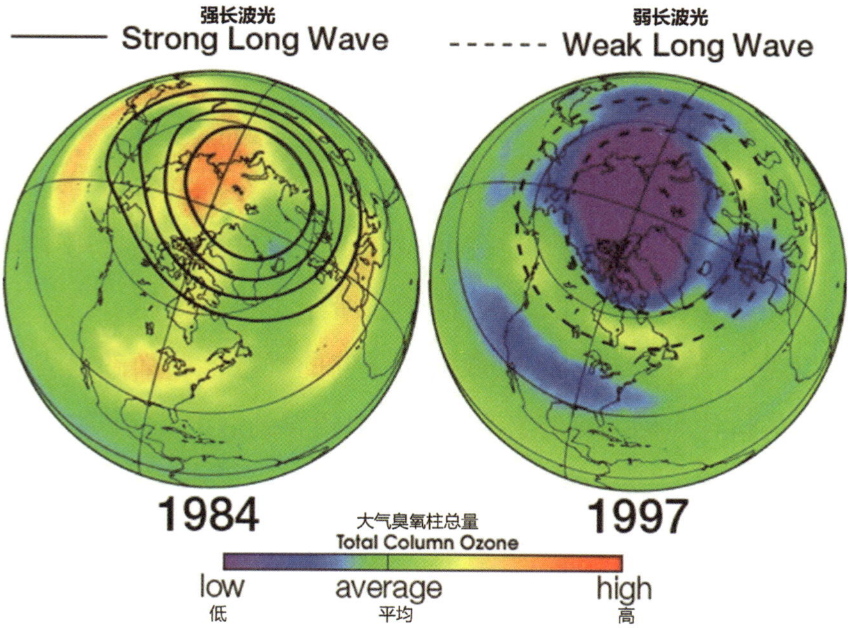

图8-2-2　与1984年对比，1997年的北极上空出现了明显的臭氧层空洞（图片来源：NASA）[161]

种失控来源于技术本身的复杂性带来的不确定性，或者说两面性。所谓技术不确定性，是指人们无法对技术未来的状态和结果给出唯一的确定预测，即便技术状态是确定的，也可能因为人类认知不足而造成对未来的不确定性，这种不确定性也是造成技术失控的源头之一。

以人工智能技术为例，首先是算法，往往需要在使用中不断迭代完善。如果使用中发现算法漏洞等问题，不及时解决，就可能产生相应的危害。其次是数据，算法做出的一些判断取决于人们“喂”给它的数据，如果这些数据是正向、正确的，那么算法的应用也应该是有效、安全的，如果它接收的数据由于未经严格管控而导致错误，算法也可能会给出错误乃至邪恶的结论。还有，当人工智能跨越了奇点，形成错误的自我意识，将在一瞬间反噬人类，引发“智能爆炸”，这也将是技术不确定性为人类埋下的最大一颗定时炸弹。这一点，包括斯蒂芬·霍金、比尔·盖茨和埃隆·马斯克等人在内的众多学者和企业家都深信不疑，我也时有担忧。

人为的灾难

如果说人类的无知造成了技术失控的风险，那么傲慢的天性则是放任这种风险、促使人为灾难发生的导火索。

抗生素滥用导致的“超级细菌”危机，是 20 世纪以来最典型的人为灾难。与所有生物一样，细菌也遵循着适者生存的进化法则，自抗生素发明以来，人类合成的抗生素在杀死普通细菌同时，也变相促进细菌向更加强大的耐药性方向进化。更可怕的是，人类并未充分认识抗生素的负面作用，此前数十年的滥用更是加速了细菌的耐药性进化。医学研究显示，由于抗生素滥用导致细菌耐药性不断提高，今天临床中常见的细菌，几乎对人类最早合成的抗生素产生了100%的耐药性。除了老一代抗生素失去药效外，新一代抗生素的临床寿命也越来越短，人类研发新型抗生素的速度，开始追赶不上耐药细菌突变速度，导致无药可医的“超级细菌”诞生。

对于患者而言，一旦感染了这种“超级细菌”，面临的将是感染症状无法控制的快速恶化，形成某种意义上的“绝症”。更可怕的是，细菌可以随空气、水体、生物体等各种介质传播。一旦“超级细菌”发生扩散，这种“绝症”将有可能像曾经的黑死病一般，通过极端方式改写人类文明历史。有科学家预言，如果人类继续无节制地滥用抗生素，人类或将进入“后抗生素时代”，细菌将再一次成为人类健康的头号杀手，造成人为的灾难[162]。

第三节　制度设计滞后

在经历了三次产业革命，尤其是第三次产业革命后，人们已普遍认识到，自然科学进步总是超前于社会科学发展的，这表现在新兴科学技术应用总是领先于政府相应法律法规的制定、社区服务与监督能力以及企业的责任担当和管理能力。当这些制度与秩序滞后过多时，则会出现相应的失控。

历史的教训

从人类历史发展来看，制度设计的滞后所造成的失控是触目惊心的。

以核控制制度滞后于核技术发展为例。核武器的毁灭性破坏力和核辐射的强大杀伤力，造就了今天这个“谈核色变”的世界。虽然1946年1月，联合国大会通过的第一个决议就要求消灭原子武器并确保和平利用原子能，但直到冷战时期，美、苏两国仍在奉行核威慑、核讹诈政策，进行核军备竞赛。冷战结束后数十年来，在国际社会敦促下，世界几大关键国家虽然签订了一系列核武器控制的条约和协议，但核军备从未得到真正有效的控制，拥有核武器的国家数量仍有增无减，人类囤积的核弹头已经达到足以摧毁人类文明的数量，核控制已扩展为全球性问题。除核武器外，滞后的监督管理制度，也为核技术的和平应用蒙上了阴影。不论是苏联的切尔诺贝利核电站，还是日本的福岛核电站，主要是因为工作人员的操作失误、政府管理部门处置不当而发生了严重的核爆炸、核泄漏事故，导致当地生态和居住环境遭到毁灭性破坏。

再以塑料制品的无节制应用为例。在石油提炼技术出现后，作为石化燃料产业的副产物，塑料的出现一直被认为是人类科技一大创举。自1950年来，人类对塑料制品的依赖与日俱增，世界年人均塑料消耗量已超过50公斤，随之而来的，是这种难以降解的“白色污染”遍布全球。

作为今天人类最常用的材料，塑料对环境造成的侵害可谓触目惊心：在生产环节，一次性塑料制造不仅过度消耗了不可再生资源，其生产周期的每个环节都会释放大量温室气体；在流通环节，塑料制品难以自然降解，严重威胁了陆地、淡水和海洋生物的生存环境；在回收处理环节，目前主要靠焚烧和填埋，焚烧处置不当可能会产生致癌物二噁英，而填埋则需要长达几百年时间才能降解[163]。

可悲的是，在这样一种“劣迹斑斑”的技术面前，人类的警惕性神经却显得十分迟缓，直到塑料技术出现的50多年后，世界一些国家和地区才相继制定塑料制品削减方案和限塑令。然而此时，人类因塑料制品对环境造成的伤害已无法挽回：据估算，今天全世界的海洋中已存在超过五万亿个塑料碎片，而因塑料制品导致的相关环境问题，已为人类造成数万亿直接经济损失。曾经的科技之光却成了困扰全人类的世界性难题，滞后的相关监管制度难辞其咎。

现实的危机

第四次产业革命到来之际，核控制、白色污染等历史遗留的失控问题尚未化解，新的危机又逐步显现。以信息安全为例，一些激进分子认为，人类应对一切数据无条件公开透明化，在构建的数字化世界中获得安全、富足、幸福的生活。不可否认，数字化生活的愿景的确十分诱人，人类也正全力向着数字化社会迈进，但需要警醒的是，对于那些试图创造所谓“新世界秩序”的人来说，数字化的世界会让他们更容易、便捷地找到“后门”，尤其是今天那些已经掌握了大量数据的科技巨头公司们，如果没有强力有效的监督管理，可能将导致一个少数人为所欲为的数字世界出现。但遗憾的是，由于监管制度的落后，类似共享单车侵占公共资源、共享打车平台侵害乘客权益这样的“阵痛”，仍在持续发生。而我们能够做的只有亡羊补牢地总结教训，尽快制定出相关治理制度。但令人后怕的是，我们也常见有关部门的不作为和不担当，乃至危害蔓延到“为时已晚”的地步。

以全球视野观察近半个世纪的世界焦点，20 世纪 60 年代，世界的核心问题是由殖民地革命所带来的第三世界平等发展权；80 年代，世界的核心问题是核战争的可能性和环境持续恶化给“地球母亲”和“人类生命”带来的双重威胁。进入 21 世纪，世界的核心问题已经开始转到现代科技的负面影响及其可能失控的威胁。

不过，我们这个时代，绝非历史上唯一一个正在经历科技爆炸的年代。以第二次产业革命为例，纺织机、蒸汽机、火车、内燃机等发明对社会的震动远胜于今，拥挤肮脏的居住环境、恶劣危险的工作条件、10 多个小时的工作时长、雇佣童工等都是那个时代的鲜明特征。但以今天的视角回顾审视，第二次产业革命后，人们生活的确得到大幅改善。通常情况下，新技术展现的破坏性作用总是比其带来的好处来得更早更直接，尤其是那些颠覆性技术首先破坏了原有技术体系、利益关系、社会结构，甚至是文化价值观，正所谓“先破后立”。回顾这些历史案例，同今天人工智能取代人类工作的“就业破坏性”情形何其相似。在现代科技正以指数速度发展的今天，新技术在带给人类翻天覆地变化的同时，也令人对其破坏性潜力备感担忧，担心其成为一股脱离人类控制的强大力量。但人类也必须清醒地意识到，只有科技进步才是生产力发展和社会进步的希望的源泉，其可能带来的负面影响，是发展中的问题，是机遇中的挑战，需要由政府、企业和社会各界共同去面对。

从乐观的角度来看，“失控”本身并没有什么大不了。早在约 40 亿年前，正是以碳原子为核心的有机物偶然失控，它才从茫茫无机世界脱颖而出，形成了可以自我复制的有机体，成了生命的开端。在十几万年前，也正是因为古猿的一支被迫下地行走，失控偏离了其他猿类的正常生活轨迹，才有机会实现智力觉醒，逐渐演化成今天的人类。现在，也许人类正站在某一个关键的“失控节点”附近，满眼未知地眺望未来。在不久的将来，进入宇宙时代的人类，或许能以硅碳融合的躯体，适应复杂多变的自然环境。到那时，完成某种进化的人类，其生理和心智都将达到一个全新的水准，我们大可期待那一天的到来。

第九章　可控的未来

在第二次世界大战之后，我们看到了一个新世界，这个新世界是纷乱的政治与社会革命的产物，包括殖民地革命、社会主义革命、资本主义国家的社会变革等。20 世纪 80 年代中期至今，我们又看到一个新世界，这个新世界则是产业革命和科技创新的结果。当代科技正在以难以抗拒的神奇力量和影响力，日益强大地主导着世界的发展。然而，科技是一把既能造福人类、也可能毁灭人类的双刃剑。我曾与多名中美专家、教授和企业家讨论人工智能和基因科技会不会使人类社会失控这一话题。多数人的观点是，科技是中性的，所谓双刃剑是要看谁在使用。从总体上讲，只要政策得当，制度法规跟得上，未来应该是可控的。本章尝试从理性与智慧、制度与秩序、责任与行动三个方面讨论这一课题。

第一节　理性与智慧

为什么人类在历经漫长的痛苦和灾难之后却依然顽强地存在，并且不断进步和进化，成了地球的主宰？究其力量的源泉，就是人类的理性和智慧。这种理性和智慧泛在地体现在人类生存发展的各个方面，尤其是总结和反思、探索和创造、怜悯和善良、拯救和自我救赎的精神。正是这种理性和智慧的光芒烛照着我们，一步步走出黑暗、痛苦和灾难，一次次实现自我完善和发展。

探索和创造

从亚里士多德到牛顿，从诸子百家到郑和下西洋，无论是东方文明还是西方文明，其共同之处就是对自然界和人类社会的探索和创造，这是人类理性和智慧最突出的体现，而科技本身就是这种探索和创造精神的结晶。观察人类科技发展史，可以发现一个有趣的现象，人类发明的每一项新技术，几乎都是正面和负面影响共存。而且，对于负面影响，一经发现，都会创造出一种制度和机制进行防范和消除；同时，通过新技术迭代升级，对其进行改善；由此实现正面作用的充分发挥和负面影响的完全可控。

从某种意义上说，一部人类社会发展史，就是一部不懈探索创造、利用科技正面作用和防控负面影响的进步史。这方面最典型的例子是核技术的使用。二战期间，原子弹的发明，提前结束了战争，避免了更多人的死亡，但许多无辜平民也因此丧生或饱受核污染的侵害。二战后，在联合国机制下，通过了《核不扩散条约》，主张防范核武器扩散，和平使用核技术。截至目前，已有189个国家参与了这一机制[164]。核电站就是核技术和平使用的产物。类似的例子很多都可以说明，人类是有智慧和能力在发挥科技正面作用的同时，避免其负面影响的。

怜悯和善良

人类一方面总是在梦想和希冀未来可能发生的各种奇迹，另一方面又在担忧种种可能的悲观未来。当今现实中，人类社会充斥着诸如“世界末日”、“未来毁灭”、“历史终结”等令人沮丧的预言。对如此鲜明的矛盾反差，很多人表示不理解，而我却认为，这恰恰是人类理性和智慧光芒的体现。人类一方面能为过去的成功而充满自信，一方面又能为自己正在造成的后果而怀疑悲观。这种怀疑和悲观精神，恰恰是提醒我们在进化路上保持冷静、理性的自我反省机制。这种机制源于人性本身的一种怜悯和善良。

关于人性是向善的还是向恶的，东西方文明有共同的观点。人性既有善的一面也有恶的一面，但人类总体上是善大于恶、爱大于恨的。2000 多年前，中国两位大思想家就有“善”、“恶”之辨。荀子提出“性恶论”，他认为人性“生而有好利焉”、“生而有疾恶焉”，如果“从人之性，顺人之情，必出于争夺，合于犯纷乱理而归于暴”，所以说人性是“恶”而不是“善”。他的解决方案是用“法”让人不敢犯恶。而孟子提出“性善论”，认为人生来即有恻隐、善恶、辞让、是非四种“善端”，扩而充之，便可形成仁、义、礼、智的善性。他的解决方案，是用教化扬善避恶。两者结合，人类总体上是善大于恶的。我曾向斯坦福大学商学院教授、行为心理学和社会学专家珍妮弗·阿克提问，人工智能和基因科技是否会造成人类社会的灾难甚至毁灭，她毫不犹豫地说，不会！我说为什么？她说，因为，人类总体上是善大于恶、爱大于恨的！这就是人类理性和智慧的光芒，有这一点存在，人类完全可以避免科技带来的灾难和毁灭。我完全赞同她的观点。由于人类的爱、怜悯和善良，大大超过了恶、冷漠和无情，由此而产生的自我怀疑、自我悲观和自我觉醒的自省机制，是让人类社会能及时形成共识并积极行动起来，避免科技负面影响的内在动力。

自我救赎

人类的理性和智慧还体现在人类具有的自我救赎精神。人类发展进程中，之所以历经无数次灾难、渡尽劫波而生生不息，也正是源于这种自我救赎的理性与智慧。关于这一点在东西方文明发展史上都可以找到大量例子。

在300多年前，经历了约千年宗教黑暗统治和社会苦难的欧洲，发起告别迷信和无知的启蒙运动，终于从黑暗走进光明。启蒙时代产生了一个重要的观念：“进步”。人们开始普遍相信人类的状况会稳步地改善，每一代的境况都将比前一代更好。而保持不断进步的原动力就是人类的理性力量。因此，启蒙运动的另一个特点是相信“理性”。正是基于“进步”和“理性”这两个关键的概念，人类相信既存在控制物质世界的自然法则，也存在完善人类社会的社会法则。按照这一设想，人们开始将理性应用于所有领域，发现了种种有效的自然规则和社会规则。并且，用理性检验一切事物：所有的人、所有的制度、所有的传统。由此产生了一系列革命性的新原则，并通过这些原则进行大规模的社会改革，特别是在经济、宗教和政治三大领域。正是这样的自我救赎，使欧洲迎来了文艺复兴、科学大发现和工业革命，引领了人类社会前所未有的进步。200多年后，在中国发生的意义同样重大的五四运动，也产生了两个关键词：“科学”和“民主”。中国人民经过百年艰苦卓绝的奋斗和自我救赎，走出了苦难，迎来了民族的伟大复兴。

时至今日，科技力量在世界上扮演越来越重要的角色，其正面作用越来越大，然而，因为人的无知、傲慢和滥用，使科技的负面影响也越来越难以控制。在这个科技主导的时代，人类的自我救赎精神就是要发挥科技的正面作用，缩小甚至消除三大鸿沟，同时防止科技被滥用，防范人们在科技面前的无知和傲慢。

第二节 制度与秩序

如果说理性与智慧是确保人类未来可控的力量之源，那么制度与秩序则是这种力量的具象化体现。

社会治理基础

人类社会发展依赖于科技带来的生产力进化，而同科技发展相匹配的制度与秩序进化，则是确保科技的正向应用落地、负向影响可控的关键机制，这也是人类社会治理的基础。爱德华·伯恩斯（Edward Burns）等美国历史学者在《世界文明史》中谈到，新石器时代是世界历史上“最有意义的时代”，这不仅是因为当时的物质生活跃升到一个新高度，还在于人类社会“各种制度与秩序开始形成”，它标志着人类社会形态从自然群落转变为有组织的部落[165]。此后，人类生产力发展始终与制度秩序进化并行。500年前的“地理大发现”之后，世界逐渐成为一个整体，各民族在交流互鉴中，逐渐形成了普适的价值观念与社会标准。出于普惠全人类的目的，这些普适的价值观念和社会标准构成了当今世界秩序的准则，最大限度地保证了人类的可持续发展。

历经数千年发展，制度与秩序概念早已深入人心，而这类社会治理的基本方法与理论，也同经济学、政治学、教育学等学科一齐发展，共同组成了社会科学。

两类科学的关系

人类在文明进步过程中，依照人与自然、人与人和人与自身三对关系脉络，逐步形成了自然科学、社会科学和思维科学三大科学体系。三者相互借鉴、相互促进、相互跨界、共同发展。讨论科技发展、失控与社会制度秩序间的关系，需要重点探讨自然科学与社会科学这两类科学的关系。

17 世纪科学革命后，自然科学从自然哲学中脱颖而出，形成独有的理论体系与发展方法论，从此与社会科学分庭抗礼、并行发展。然而，纵观自然科学与社会科学发展轨迹，往往是前者领先于后者，后者追随着前者的进步而进步，反过来，后者的进步又进一步促进前者的发展，二者是辩证统一、融合发展、相互促进的关系。两类科学的关系或许正如法国作家福楼拜谈及科学与艺术的关系时所言："两者从底基分手，回头又在顶尖汇合。"

就本质而言，社会科学同自然科学是辩证统一的。人类社会是自然的组成部分，社会规律也是一种特殊的自然规律，是人类文明的复杂表现形式之一，因此，社会科学也可以看作一类特殊的自然科学。

社会科学同自然科学又是融合发展的。一方面，社会科学可以从自然科学中借鉴某些思想方法与研究工具，如信息论、系统论、定量分析法等等，社会科学则通过"自然科学化"实现了自身的现代化。另一方面，社会科学也将部分规律传导给了自然科学，比如达尔文"适者生存"的进化论观点的形成，在一定程度上受到了当时亚当·斯密（Adam Smith）《国富论》和马尔萨斯（Thomas Robert Malthus）《人口论》的影响。

最重要的是，社会科学与自然科学二者的发展是相互促进的。社会科学服务于自然科学，自然科学的进步需要匹配相应制度和秩序的进步，否则将面临本书第八章所描述的一系列失控风险。

同时，社会科学自身发展为自然科学研究提供了良好环境、指引了明确方向，确保自然科学向着可控的方向前进。

先进的社会科学催生先进的制度和秩序，先进的制度和秩序塑造美好的人类社会。先进的制度和秩序对人类社会的积极作用是多方面的，主要体现有：一是教育制度对各类人才培养的贡献。先进的教育制度可以确保塑造出各类优秀、充满正能量的自然科学家、社会科学家、工程师和各类人文艺术大师，为人类社会文明进步不断植下发展的种子。二是文化氛围对社会环境的塑造。先进的制度和秩序可以塑造出积极向上的文化氛围和人文情怀，塑造健康开放、自由平等、互助友爱的社会环境，激发人民群众的积极性和创造力，推动科技、人文和经济的蓬勃发展。三是科学管理对资源有效合理利用的保障。无论是科学研究、产业发展还是社会治理，均离不开科学管理。先进的制度秩序可以不断促进科学管理理论、方法和工具的进步，促进管理科学的发展，从而促进社会和自然资源合理有效的开发利用，避免浪费或滥用对社会带来的危害。四是产业政策对有序发展的引导。无论是推动科研成果产业化，鼓励做强做大，还是规范发展，避免负面影响，都需要政府产业政策引导。先进的发展理念和制度秩序，有利于促进国家产业政策的及时性和精准性，引导产业健康、科学、有序发展。五是舆论、伦理与法律对发展的鼓励与制约。先进的社会科学有利于促进先进的舆论、伦理和法律体系，形成对美好的鼓励和对邪恶的制约的社会机制。若出现科技如脱缰野马般发展的状况，可以扮演天平的角色，成为遏制技术失控的力量。孟子云：“天下溺，援之以道”。这里的“道”就是社会科学指导下的制度秩序。

与时俱进的创新

我们生存于其中的这个时代存在着巨大的不确定性，强大的技术正在以一种超常的速度为我们创建一个超高速变化的生存环境，人们既欢迎科技发展所带来的变革，因为它能直接提高我们的生活品质，又担忧科技变革一旦失控所引起的直接威胁，尤其是当科技变革威胁到人们已经习惯的价值认同与行为准则的时候更是如此。好在人类拥有充分的理性与智慧，知道以原有的制度和秩序阻止科技进步是不明智的，由此认识到在快速的科技革新中需要匹配社会制度的快速更新。

第四次产业革命正以前所未有的速度展开，从全球看，无论是国际组织、国家、企业和各行各业，都需要调整相应制度以适应新的科技时代到来。这又回到一直困扰人类的一个关键问题——在技术变化和社会变化之间长期存在的时滞问题。所幸的是，人们已清醒意识到，科技进步的正负两面性。人类要不断提醒自己：当今科技力量对全世界所产生的扩张影响，在速度和强度上都不亚于历史上任何一个强大帝国的军事扩张；我们不能仅仅被科技产生的新奇魔力所吸引，更应以足够的精力关注科技的一些潜在的致命风险，防止人们对新科技理解过于短视和浅薄。尤其是在一项新科技产生时，不能为成功的喜悦所陶醉，而要立刻关注它可能产生的负面效应，为我们采取必要行动赢得时间，以免在其飞速发展后为时已晚，后悔不迭。我们不能指望科技创新放慢速度，倒过来适应相对较慢的社会变革的步伐。技术创新的脚步不会放缓，制度与管理创新需要与时俱进。因此，我们必须付出比以往更多的智慧与成本来管理科技创新，加速社会变革，以制度创新构建新秩序，以控制今天的科技不会或不能变成脱缰的野马。

在不断扩大的科技应用与不断扩大的潜在风险之间，人类如何运用智慧寻找平衡，能否运用理性构建的制度和秩序将风险锁定在可控之中？历史证明，人类运用自身的智慧可以找到这种平衡。在过去的20世纪，人类经历了许多野蛮主义者将科技转化为疯狂武器的惨痛教训，但即使这样，我们仍然在令人目眩的创造与创新中，结束了一个快速进步且日益繁荣的世纪。可以明确预言的是，在第四次乃至第五次产业革命浪潮中，人类的理性与智慧还将继续占据上风，持续为科技发展匹配与时俱进的制度创新，以此迎来新时空。

第三节　责任与行动

科技发展带来的全球性负面影响，既需要各国共同担当其责任，也需要全球形成协同一致的治理机制。令人欣慰的是，人类已经认识到这一点，一个典型的例子就是防范全球气候变暖。从1992年的《联合国气候变化框架公约》、1997年的《京都协议书》，到2016年的《巴黎协定》，我们一再看到了这种机制的积极作用。对当前人工智能和基因科技产业发展可能带来的失控，并不需要过分紧张，我们有时间采取措施，防止未来这种失控的可能。这种措施就是与时俱进地完善制度和秩序，它既需要各国独自的努力，也需要全球治理的协同，还需要政府、企业、学界和民众的共同担当。

政府

作为公众利益捍卫者的立法、司法和政府部门都应该采取更加积极的方式，做好相关立法、司法和行政工作，以确保科技发展之路沿着正确轨道前行。限于篇幅，这里主要提及政府应发挥的作用。政府必须在监管领域进行创新，预先谋划和更快行动，不宜等每个问题充分暴露后才事后弥补。在快速迭代发展的科技领域，政府的治理方式也应迭代配套，奢望管理措施一步到位肯定会遏制创新，但到了出错再管则可能不可收拾，明智之举是采取循序渐进的方式，初期实施简便可行的有限管理措施，在迭代试错中总结经验教训而不断优化升级。以往，政府总是习惯于谋定而动的管理模式，等问题完全显现，经过深思熟虑，再出台系统的管理措施，这种管理方法已不适应节奏越来越快的科技发展，更何况科技的负面效应的蔓延速度也越来越快。在当今时代，政府也要像企业那样具有勇于试错的创新精神，而且要自信犯错的概率比企业小，纠错的能力比企业大。因为政府更有能力调动社会各方资源，持续研究科技领域的一般规律而把握科技发展趋势，预先设定科技动向的节点，预判科技企业的行为方式及必然后果，借鉴别国管理科技创新的通行规范并及时将其纳入监管措施。当某项新技术及其商业模式萌生时，政府更能调动和整合同一行业的不同企业和不同领域的相关资源，集思广益，针对一些重要问题得出更接近正确的答案。因此，只要政府转变观念和转换方式，及时快速实施有效的阶段性的政策法规，从经验中完善，从教训中修正，就有更多的选择来赶上科技变革的步伐。如同中国改革开放 40 多年间，政策节奏同改革步伐基本合拍，既确保了正确方向，又保证了发展速度一样。

政府必须明确一点，对科技领域的监管责任是自身的天职之一。因为自工业革命以来的 300 年里，没有任何一个行业能够靠自我监管而独立地规范自己的一切。基于此，政府在科技监管这一特定领域应该力争做到“四同步”：同步介入、同步参与、同步研究和同步发挥作用。先是利用学到的经验不断增添新的监管规定，一旦行业发展相对成熟就可以更快地出台和施行有关法律。政府除了利用行政手段和法律手段，在科技监管领域更要利用对科技应用市场的推动力。当前政府比以往任何时候都更有机会通过扶持政策刺激新兴技术的市场力量，加速其达到可商用的临界点，然后放手让其自行向前发展。政府是科技产品和服务的最大采购方之一，采购决策会对整个市场趋势产生巨大影响。更关键的是，政府拥有庞大的数据库，以适当方式提供这一强大的公共工具，能对使用这些数据的科技市场产生决定性影响。所以，最有力的监管就是刺激科技产业沿着正确方向发展的导向性政策。

企业

企业作为科技创新的主体应当肩负起更多更大的责任，绝不能以可能束缚科技创新和企业发展为理由，要求政府放松监管；也不应把这一切都留给政府监管部门和社会监督组织。每家企业都要从各自的具体实际出发，既要实现客户、股东和员工所期望的经济目标；也要勇于担当整个社会和政府更高期望的社会效益。法律法规及其相关监管制度的要求是企业所有行为的底线和准则，任何企业绝不应超越底线随心所欲、为所欲为。各个行业的领先者更应努力成为社会榜样，社会道德的崇高标准就是领先企业应成为典范的标准。因此，企业需要制定一个原则体系，将企业自身原则与社会原则相结合，并与时俱进地定期更新。

面对飞速发展的科技进步和激烈的科技竞争，企业往往会因为追求以速度制胜，而专注于开发令人眼前一亮的产品或服务，并快速推向市场，尽快吸引尽可能多的用户，而通常很少有精力关注到社会其他方面。但是，企业如果不考虑其产品或服务对社会的更普遍影响，尤其是可能出现的负面效应，那么在加速发展中就随时可能翻车，到出现问题后必然迫使管理层不得不花费大量时间来应对。如果企业等到各方面考虑周全再采取行动，则很可能拖累创新的速度，这就使企业产生了一个发展速度与思考速度之间的矛盾。化解现实矛盾和预防潜在风险的有效途径就是，在各项技术研发和产品开发的企划中，依据预设的企业原则体系，预见问题并确定工作准则，从而给自己的技术和产品装上保险杠，这样才有助于企业在加速发展和创新时尽量减少负面的声誉损害。归根结底，加快技术和产品创新是企业成功的根本之道，履行社会责任是企业成功的必由之路，两者必须兼顾。因此，企业最高领导层必须具备更高的领导力，把企业所要承担的社会责任思考清楚，并找到承担责任的有效方法。在确立一套自我约束准则而规范企业自身行为时，企业最高领导层必须勇于面对企业内部的众多反对意见，能够发动一场企业文化变革，激励全体员工在每一道环节挑毛病，对每一个潜在问题找药方。

行业领先企业需要以宽广的胸怀，主动同竞争对手寻找社会价值的共同点。在生意场上各自可以坚持自己的利益立场，但在道义场上则应该为了长远利益和普适价值寻求共同立场，这就需要善于妥协，很多时候妥协比继续斗争更需要勇气。为了社会目标，与竞争对手达成共识需要退一步海阔天空，回到追求为人类更美好的初心，站在社会利益的原点，尤其是检讨自己的偏见，因为许多分歧是因为以往的成见造成的误会，如果能有同理心就能回到达成共识的正确轨道。此外，科技行业的领先者还需要积极主动地跨行业合作，鉴于科技行业日益交叉融合，需要像与行业伙伴寻找合作共同点一样，与社会各相关方寻求共同立场和共同价值，化解社会共同的担忧。为此，企业要同更多的阶层和更广泛的社群建立建设性的关系，广开言路倾听政府及社会组织对企业的真实看法，及时把问题消灭在萌芽状态，而不能等到问题恶化到失控。

学界

科学家们不仅要以科学的良知在科研中大行人道主义，更重要的是创造科技的人与监管科技的人需要更多的对话，科技界与社科界的专家学者们长期以来一直认为，政府因不了解科技而无法适当监管，因而产生与其让有关部门乱管、不如让其无从监管的错觉。然而，科技领域越来越细分又越来越综合，导致了科技产品的复杂性。如果身在其中又深知隐患的专家学者不主动负起责任、不积极建言献策，政府就无法深入了解并进行精准的监管。因此，有关专家学者应以更开放的心态和更积极的方式，通俗地分享玄妙和深奥的科技信息，让政府和公众充分理解新技术及其复杂性。同时，政府也应以各种资助方式支持专家学者在决策时提供负责任的建议，在专家学者同政府、公众之间信息不对称的鸿沟之上构建起一座信息公开的桥梁。

民众

生活于现代社会的民众，正在以基层社群方式形成一种新的正能量，他们往往会自觉自发地承担起一个社区或一个领域的责任，从而在社会治理体系中重构政府、企业、社群三位一体协同的机制。当一些科技的负效应使人们意识到普遍的风险或共同的威胁时，他们不会保持沉默和无动于衷，而是组织起众多类型的群体活动自救自治。这些自下而上的社群行动持续不断且日益广泛，他们面对同样关注的问题或处于相同的境地，以“自助”的心态和“互助”的行动，想要控制他们生活中一些将要失控的东西，虽然他们不能控制全球性问题，但他们能控制发生在自己身边或周围的一些问题。他们不想只成为科技成果的消费者，而想成为控制科技风险的参与者。民众社群的这种活力和合力正在成为可持续发展社会的重要基础，他们最基本的初心就是使科技造福于自己，而不是危及自身。

全球协同

当下世界，科技的发展已跨越国界，因此确保全球科技健康发展，需要各国政府和各种国际组织的共同行动，通过制定新的国际规范和国际准则，限制一些企业乃至个别国家的出格行为，追究某些跨国公司和某个国家违反这些规则的责任，以此构建全球科技良性发展的国际新秩序。然而，面对当今的许多科技问题，我们往往缺乏全球性支持，以至相当多的社会人士质疑制定国际规则的可能性与实用性。例如军备控制，虽然成立了全球性组织，也制定了相应的国际规则，推出了一系列实施军备控制的禁令和限制，但多年来总有一些国家违反这些协议。不过，我们更应充满希望地看到，在很多科技领域如果存在国际规范或国际准则，那么世界各国就更容易做出积极有效的反应，例如世界原子能委员会在和平利用核能方面所做出的积极贡献。

在当今世界，受地缘政治、意识形态、单边主义、极端民族主义等影响，短时间内很难期待各国政府能够在团结协作方面有所飞跃。但是，世界科技不可阻挡的发展进程正在倒逼更多国际合作的出现，大家携起手来，解决共同关切的问题。国际组织能够发挥有效作用，其成功经验在于寻求更广泛的国际力量进行更积极的合作。这不仅包括政府机构的力量，还应该有非营利组织、企业、知识界及至社群的能量，力求多边和多个利益相关方的通力合作。在多重利益相关方的共同合作中，关键在于要分清每个群体各自需要扮演的角色。政府机构居于决策者的角色，因为民众所赋予其公权力就是解决社会问题，他们有责任和义务制定实施我们所有人赖以生存的政策、法律和制度。企业、学界和社群同政府互补，补充政府部门需要的额外资源、专业知识及社会动员能力。相关非政府非营利组织在跨国协同中也应扮演其重要角色。

共创新时空

21 世纪是一个兼有巨大潜力与巨大风险的世纪。尽管我们还不能准确预测人类未来的种种必然性，但是，我们能够理性地预测，21 世纪将是一个充满可能性的世纪。至于在无数可能性中，哪些将变成现实，取决于人类现在的理性决定。具有向善天性和进步追求而又聪明智慧的人类是美好未来的创造者，而不会消极被动地忍受厄运的主宰。尽管人类的创造力既可能创造正确的东西，也可能创造错误的东西，但人类的理性能够督促我们越来越少地创造劣等的东西，并最大可能避免人类制造自取灭亡的厄运。

在过去的世界历史中，不乏邪恶势力利用人类创造的科技工具去征服或消灭人类另外一些种族的罪恶行径，但邪恶之人能获得成功是由于善良的人因懦弱而保持沉默。在新的世纪里，尤其是全人类面对共同的威胁时，善良的人们必然选择共同的行动，将自己创造并掌握的科技作为创造生命价值与生活利益的工具，为人类祈福并创造福祉，而不是对人类发出种种诅咒并任意制造人间噩梦。这就是人类热爱并追求科学与技术的理由，因为人类是为了自身更大的好运，才形成对科技的持久兴趣。

我们的时代是人类文明史上最美好的时代之一，这个地球上正在发生各种惊人且美妙的富有创造力的事情。人类绝不会甘受自我毁灭命运的支配。虽然人性中仍然有不少弱点和缺陷，但人类并不具有天生的自我毁灭性，我坚信科技造福人类的可行性，历史已经证明这种可行性是一种必然性，因为善大于恶、爱大于恨。

我对将要发生的一切充满信心。今天的人类已经拥有比自己所认识到的更强大的力量，我相信人类手携手，一起向未来，就能创造出一个更加和谐的世界、更加美好的未来。21 世纪将由我们来创造，人类将以共同的愿景构想一个命运共同体，将以共同的行动构建这个命运共同体的新框架与新秩序，并由此创造生生不息且美美与共的新时空。

图表索引

图 1-2-1　远古人类围猎猛犸象假想图 009
图 1-2-2　人类大脑容量进化示意图 010
图 1-2-3　玉米的祖先——大刍草和今天的玉米 012
图 1-2-4　1602 年，荷兰东印度公司诞生世界第一张可交易股票 016
图 1-2-5　约瑟夫·利斯特（Joseph Lister）发明的消毒喷雾器 017
图 1-2-6　第二代测序技术大大降低测序成本 020
图 1-3-1　小行星采矿产业假想图 023
图 2-1-1　小巧、精细的瓦特蒸汽机和巨大笨重的纽科门蒸汽机 029
图 2-1-2　柔性材料技术在显示屏上的应用 030
图 2-1-3　工业机器人和手术机器人 031
图 2-2-1　体积巨大的电子管计算机 ENIAC 040
图 2-2-2　智能手机与数码相机的边界越来越模糊 044
图 2-2-3　大疆无人航拍机和 GoPro 运动相机 045
图 3-1-1　时空弯曲形成的“虫洞”，是连接两个时空的捷径 051
图 3-2-1　美国人口增长曲线 055
图 3-2-2　美国人均实际 GDP 增长曲线 056
图 3-2-3　日本、美国、英国 1960—2010 年代 GDP 增速对比 058
图 3-2-4　东南亚人口结构，30 岁以下年轻人口占比超 40% 064
图 4-1-1　威廉·肖克利、约翰·巴丁和沃尔特·布拉顿 074
图 4-1-2　贝尔实验室研制成功的第一台晶体管计算机 TRADIC 075
图 4-1-3　IBM 推出的 System/360 系列计算机 076
图 4-1-4　IBM 公司的 Simon 手机 077
图 4-1-5　乔布斯发布苹果第一代 iPhone 2G 手机 078

图 4-2-1　半导体器件分类 ……………………………………………… 079
图 4-2-2　机器生命系统的芯片功能分类 ……………………………… 080
图 4-2-3　CMOS 工艺 ……………………………………………………… 081
图 4-2-4　芯片上晶体管集成度沿着摩尔定律发展 …………………… 083
图 4-2-5　主要领域芯片的技术方向和工艺制程发展进程 …………… 084
图 4-2-6　后摩尔时代集成电路发展路径示意 ………………………… 086
图 4-2-7　半导体基础材料发展演进示意 ……………………………… 090
图 4-2-8　自动化、通信、计算机和人工智能技术演进脉络示意 …… 093
图 4-2-9　人工智能技术应用结构 ……………………………………… 095
图 4-2-10　人工智能技术研究发展进程 ……………………………… 097
图 4-2-11　《超能查派》剧照 …………………………………………… 101
图 4-2-12　芯屏气 / 器和的物联网生态 ……………………………… 104
图 4-2-13　人工智能与物联网、大数据间的关联 …………………… 105
图 4-2-14　机器学习和深度学习 ……………………………………… 106
图 4-3-1　IBM 5150 计算机 ……………………………………………… 110
图 4-4-1　地球上第一个拥有公民身份的机器人索菲亚 ……………… 119
图 4-4-2　人工智能与物联网融合发展趋势 …………………………… 120
图 5-1-1　碳元素在自然界的循环 ……………………………………… 127
图 5-1-2　人体中各元素质量占比 ……………………………………… 128
图 5-1-3　碳基生命演化树 ……………………………………………… 130
图 5-1-4　细胞←细胞核←染色体← DNA ←基因示意图 ……………… 132
图 5-2-1　基因测序技术发展 …………………………………………… 134
图 5-2-2　CRISPR-Cas9 基因编辑技术 ………………………………… 135
图 5-2-3　实验室人造肉示意图 ………………………………………… 139
图 5-2-4　生命大数据组成 ……………………………………………… 141
图 5-2-5　数字人体发展阶段 …………………………………………… 142

图 5-2-6 数字几何人示意图 143
图 5-3-1 水稻的野生祖先稗子草与超级稻 147
图 5-3-2 精准医学模式 149
图 5-4-1 人类进化假想图 160
图 6-2-1 神经元之间的信号传递 164
图 6-2-2 尼尔·哈比森如何分辨不同颜色 169
图 6-2-3 能够操作电脑的智能义肢 170
图 6-3-1 无线通信生态链 172
图 6-3-2 自动驾驶分级主要特点及发展趋势 175
图 7-1-1 2021 年瑞士信贷银行《全球财富报告》中反映的超高净值人群分布 187
表 8-1 人工智能、生命科技可能存在的失控风险 197
图 8-2-1 人类认知领域越大，面对的未知也越多 205
图 8-2-2 与 1984 年对比，1997 年的北极上空出现了明显的臭氧层空洞 ...206

参考文献

［1］梅清豪．市场营销学原理［M］．电子工业出版社，2014.

［2］艾恺．最后的儒家：梁漱溟与中国现代化的两难［M］．王宗昱，冀建中，译．南京：江苏人民出版社，2003.

［3］Maslow A H. A Theory of Human Motivation［J］. Psychological Review, 1943, 50:370.

［4］冯友兰．人生的境界［J］．人生与伴侣：月末版，2007, 000（012）：16–16.

［5］张世英．人生的四种境界［J］．中华活页文选（高一版），2010（5）：45–47.

［6］尤瓦尔·赫拉利．人类简史［M］．林俊宏，译．北京：中信出版社，2014.

［7］Navarrete A, Schaik C, Isler K. Energetics and the evolution of human brain size［J］. Nature, 2011, 480（7375）:91.

［8］唐祈林，荣廷昭．玉米的起源与演化［J］．玉米科学，2007, 15（4）：1–5.

［9］李根蟠．中国古代农业［M］．北京：商务印书馆，1998.

［10］威廉·拜纳姆，海伦·拜纳姆．传奇医学：改变人类命运的医学成就［M］．本书翻译组，译．北京：人民邮电出版社，2015.

［11］马瑞映，杨松．工业革命时期英国棉纺织产业的体系化

创新［J］. 中国社会科学，2018（8）：183–203.

［12］仲继银 . 荷兰东印度公司［J］. 中国新时代，2012（3）：78–80.

［13］https://www.genome.gov/sequencingcostsdata（最后浏览于2022年1月）

［14］https://en.wikipedia.org/wiki/Asteroid_mining（最后浏览于2022年1月）

［15］在线汉语字典：https://xh.5156edu.com/html5/293338.html（最后浏览于2022年3月）

［16］https://en.wikipedia.org/wiki/Michael_Faraday（最后浏览于2022年1月）

［17］https://en.wikipedia.org/wiki/X–ray（最后浏览于2022年1月）

［18］布莱恩·阿瑟 . 技术的本质［M］. 曹东溟，王健，译 . 杭州：浙江人民出版社，2014.

［19］https://en.wikipedia.org/wiki/Watt_steam_engine（最后浏览于2022年1月）

［20］https://en.wikipedia.org/wiki/Display_resolution（最后浏览于2022年1月）

［21］https://en.wikipedia.org/wiki/History_of_Gmail（最后浏览于2022年1月）

［22］https://www.cellphonedeal.com/blog/the–evolution–of–android（最后浏览于2022年1月）

［23］Rose, Allen. Lightning Strikes Mathematics［J］. Popular Science, 1946: 83 – 86. Retrieved March 29, 2015.

［24］https://en.wikipedia.org/wiki/Digital_camera（最后浏览于2022 年 1 月）

［25］https://thephotographeronline.com/current-issue/meet-the-inventor-of-the-first-digital-camera/（最后浏览于 2022 年 1 月）

［26］数据来源：https://data.worldbank.org/（最后浏览于 2022 年 1 月）

［27］India turns to public shaming to get people to use its 52 million new toilets［N］. The Washington Post. 2017.12.05

［28］https://www.baus.org.uk/museum/164/a_brief_history_of_the_flush_toilet（最后浏览于 2022 年 1 月）

［29］爱因斯坦 . 狭义与广义相对论浅说［M］. 杨润殷，译，胡刚复，校 . 北京：北京大学出版社，2006.

［30］孙立鹏 . 美国 30 年代大萧条的成因及启示［J］. 国际资料信息，2008（12）：17-20.

［31］安格斯·麦迪森 . 世界经济千年史［M］. 伍晓鹰，译 . 北京：北京大学出版社，2003.

［32］菲利普·J. 阿德勒，兰德尔·L 波韦 . 世界文明史［M］. 林骧华，译 . 上海：上海社会科学院出版社，2012.

［33］https://www.statista.com/statistics/1067138/population-united-states-historical/（最后浏览于 2022 年 1 月）

［34］The U.S. Bureau of Economic Analysis.

［35］张丽芝 . 日本战后经济“奇迹”的奥秘［J］. 牡丹江师范学院学报（哲学社会科学版）, 2003（1）：41-42.

［36］李文英，史景轩 . 日本义务教育均衡发展的实现途径［J］. 比较教育研究，2010（9）：38-42.

［37］数据来源：https://data.stats.gov.cn/（最后浏览于 2022 年 1 月）

［38］数据来源：http://www.fortunechina.com/（最后浏览于 2022 年 1 月）

［39］范敏 . 东南亚人口年龄结构变化对经济增长的影响研究［M］. 厦门大学，2016.

［40］https://www.populationpyramid.net/south-eastern-asia/2019/（最后浏览于 2022 年 1 月）

［41］Cahen F. Emerging Pharmaceutical Companies from China, India, and Brazil: From Generic Drugs to Innovation Strategies［M］. 2021.

［42］汤浅光朝 . 科学文化史年表［M］. 张利华，译，樊洪业，校 . 北京：科学普及出版社，1984.

［43］吴彤，蒋劲松，王巍 . 科学技术的哲学反思［M］. 北京：清华大学出版社，2004.

［44］https://en.wikipedia.org/wiki/Tierra（最后浏览于 2022 年 1 月）

［45］https://www.edge.org/conversation/freeman_dyson-is-life-analog-or-digital（最后浏览于 2022 年 2 月）

［46］Bedau M. A. The nature of life［M］. In: Boden M.（eds）The philosophy of artificial life. Oxford University Press, 1996.

［47］http://www.daviddarling.info/encyclopedia/S/siliconlife.html（最后浏览于 2022 年 2 月）

［48］Reynolds, J. E. Opening address to the British Association for the Advancement of Science［J］. Nature 1893, 48:477－481.

［49］宋克振，张凯，等．信息管理导论［M］．北京：清华大学出版社，2005.

［50］https://en.wikipedia.org/wiki/William_Shockley#cite_note-True_Genius-23（最后浏览于 2022 年 4 月）

［51］https://en.wikipedia.org/wiki/William_Shockley#/media/File:Bardeen_Shockley_Brattain_1948.JPG（最后浏览于 2021 年 9 月）

［52］https://en.wikipedia.org/wiki/TRADIC（最后浏览于 2022 年 1 月）

［53］https://en.wikipedia.org/wiki/Jack_Kilby（最后浏览于 2022 年 1 月）

［54］https://www.ibm.com/ibm/history/ibm100/us/en/icons/system360/（最后浏览于 2022 年 1 月）

［55］https://en.wikipedia.org/wiki/IBM_Simon（最后浏览于 2022 年 1 月）

［56］https://commons.wikimedia.org/wiki/File:IBM_Simon_Personal_Communicator.png（最后浏览于 2022 年 2 月）

［57］https://ourworldindata.org/uploads/2019/05/Transistor-Count-over-time-to-2018.png（最后浏览于 2022 年 1 月）

［58］TrendForce《 2021 年第四季度 NAND Flash 产业分析报告》20211129

［59］TrendForce《 2021 年第四季度 DRAM 产业分析报告》20211129

［60］Yole《CMOS 图像传感器产业 2020 年状态——市场和技术报告》（英文名：CMOS Image Sensor Industry 2020）

［61］Koch, M., Keizer, J.G., Pakkiam, P. et al. Spin read-out in atomic qubits in an all-epitaxial three-dimensional transistor［J］. Nature Nanotech 2019, 14: 137–140.

［62］斯图尔特·罗素．AI 新生：破解人机共存密码——人类最后一个大问题［M］．张羿，译．北京：中信出版集团，2020.

［63］Gardner, Howard. Frames of Mind: The Theory of Multiple Intelligences［M］. New York: Basic Books. 1983.

［64］斯图尔特·罗素，彼得·诺维格．人工智能：一种现代的方法［M］．殷建华，祝恩，刘越，等，译．北京：清华大学出版社，2013.

［65］https://www.aware.co.th/three-tiers-ai-automating-tomorrow-agi-asi-ani/（最后浏览于 2022 年 3 月）

［66］https://en.wikipedia.org/wiki/AlphaGo#Match_against_Lee_Sedol（最后浏览于 2022 年 1 月）

［67］Nick Bostrom. Superintelligence: Paths, Dangers, Strategies［M］. Oxford University Press, 2014.

［68］https://www.sohu.com/a/118547946_419274（最后浏览于 2022 年 3 月）

［69］http://www.cena.com.cn/ai/20171114/90337.html（最后浏览于 2022 年 3 月）

［70］http://industry.people.com.cn/n1/2018/1107/c413883-30387167.html（最后浏览于 2022 年 3 月）

［71］http://client.sina.com.cn/news/2019-11-26/doc-iihnzhfz1775390.shtml（最后浏览于 2022 年 3 月）

［72］Hinton, G. E., Osindero, S., Teh, Y. W. A Fast Learning

Algorithm for Deep Belief Nets［J］. Neural Computation 2006, 18（7）: 1527–1554.

［73］https://www.quora.com/What-is-the-difference-between-deep-learning-and-usual-machine-learning（最后浏览于 2022 年 1 月）

［74］王中林．自驱动系统中的纳米发电机［M］．王中林，秦勇，胡又凡，译．北京：科学出版社，2012.

［75］https://en.wikipedia.org/wiki/IBM_Personal_Computer（最后浏览于 2022 年 1 月）

［76］https://www.cnbc.com/2017/12/05/hanson-robotics-ceo-sophia-the-robot-an-advocate-for-womens-rights.html（最后浏览于 2022 年 4 月）

［77］https://www.gartner.com/en/newsroom/press-releases/2018-11-07-gartner-identifies-top-10-strategic-iot-technologies-and-trends（最后浏览于 2022 年 1 月）

［78］https://www.mckinsey.com/business-functions/digital-mckinsey/our-insights/the-internet-of-things-the-value-of-digitizing-the-physical-world（最后浏览于 2022 年 1 月）

［79］https://www.nytimes.com/2011/02/17/science/17jeopardy-watson.html（最后浏览于 2022 年 1 月）

［80］https://www.youtube.com/watch?v=safbVgs_bZ8（最后浏览于 2022 年 2 月）

［81］https://www.popsci.com/technology/article/2009-11/neuron-computer-chips-could-overcome-power-limitations-digital/（最后浏览于 2022 年 1 月）

［82］Maz A, Jab C, Gc D, et al. The essential metals for humans: a brief overview［J］. Journal of Inorganic Biochemistry, 2019, 195:120–129.

［83］卡尔·萨根. 暗淡蓝点［M］. 叶式辉，黄一勤，译. 北京：人民邮电出版社，2014.

［84］王子晖，安东尼奥·拉兹卡诺. 生命的来历：前生物进化与太空生物学［M］. 陈珊，译. 北京：科学出版社，2011.

［85］https://en.wikipedia.org/wiki/Tree_of_life_（biology）（最后浏览于 2022 年 1 月）

［86］Stubbe H. History of genetics: from prehistoric times to the rediscovery of Mendel's laws［M］. MIT Press, 1972.

［87］Wilkins, M, H, et al. Molecular Structure of Deoxypentose Nucleic Acids［J］. Nature, 2003, 421（6921）:398–400.

［88］周晓光，任鲁风，李运涛，等. 下一代测序技术：技术回顾与展望［J］. 中国科学：生命科学，2010（1）：23–37.

［89］秦怀金，朱军. 中国出生缺陷防治报告［M］. 北京：人民卫生出版社，2013.

［90］Ps O, Budi J, Szemes T. Recent trends in prenatal genetic screening and testing［J］. F1000 Research, 2019, 8:764.

［91］Angelina Jolie. My medical choice［N］. The New York Times. May 14, 2013.

［92］Ran F A, Hsu P D, Wright J, et al. Genome engineering using the CRISPR–Cas9 system［J］. Nature Protocols, 2013, 8（11）:2281.

［93］https://en.wikipedia.org/wiki/Chimeric_antigen_receptor_T_cell（最后浏览于 2022 年 1 月）

[94] June C H. Cell therapy for cancer - our synthetic future [J]. Hamdan Medical Journal, 2014, 7（3）.

[95] Lenhoff S G, Lenhoff H M, Trembley A. Hydra and the birth of experimental biology, 1744: Abraham Trembley's M é moires concerning the polyps [M] . Boxwood Press, 1986.

[96] Becker A J, Mcculloch E A, Till J E. Cytological Demonstration of the Clonal Nature of Spleen Colonies Derived from Transplanted Mouse Marrow Cells [J] . Nature, 1963, 197（11）:452-454.

[97] https://www.researchgate.net/scientific-contributions/Eugene-Bell-61725419（最后浏览于 2022 年 1 月）

[98] Cao Y. Transplantation of chondrocytes utilizing a polymer-cell construct to produce tissue-engineered cartilage in the shape of a human ear [J] . Chinese Journal of Orthopaedic Trauma, 2000.

[99] Takahashi K, Yamanaka S. Induction of pluripotent stem cells from mouse embryonic and adult fibroblast cultures by defined factors [J] . Cell, 2006, 51（4）:2346-51.

[100] Atala, Bauer, SB, et al. Tissue-engineered autologous bladders for patients needing cystoplasty [J] . Lancet, 2006.

[101] https://www.pharmaworldmagazine.com/the-first-stem-cell-treatment-approved-in-eu-is-made-in-italy/（最后浏览于 2022 年 1 月）

[102] R Fu, Yu D , Ren J , et al. Domesticated cynomolgus monkey embryonic stem cells allow the generation of neonatal interspecies chimeric pigs [J] . Protein & Cell, 2020, 11（2）:97-107.

［103］https://www.fda.gov/vaccines-blood-biologics/stratagraft（最后浏览于 2022 年 3 月）

［104］Cohen S N, Chang A C Y, Hsu L. Nonchromosomal Antibiotic Resistance in Bacteria: Genetic Transformation of Escherichia coli by R-Factor DNA［J］. Proceedings of the National Academy of Sciences, 1972.

［105］Caruthers M H. Caruthers, M. H. Gene synthesis machines: DNA chemistry and its uses［J］. Science, 1985, 230（4723）:281-285.

［106］Swaby, Rachel. Scientists Create First Self-Replicating Synthetic Life［J］. Wired, 2010.

［107］Pallab Ghosh. World's first lab-grown burger is eaten in London［N］. BBC News, 2013.

［108］Yu X, Shi Y, Yu H, et al. Digital human modeling and its applications: Review and future prospects［J］. Journal of X-ray science and technology, 2015, 23（3）:385.

［109］https://www.digitaldiagnostics.com/products/eye-disease/idx-dr/（最后浏览于 2022 年 1 月）

［110］https://www.roboticoncology.com/history-of-robotic-surgery/（最后浏览于 2022 年 1 月）

［111］https://www.researchgate.net/figure/Computer-Motions-AESOP-Automatic-Endoscopic-System-for-Optimal-Positioning-has-allowed_fig2_51437277（最后浏览于 2022 年 1 月）

［112］https://www.intuitive.com/en-us/about-us/company/history（最后浏览于 2022 年 1 月）

［113］https://www.science.org/doi/abs/10.1126/scitranslmed.

aad9398?dom=pscau&src=syn（最后浏览于 2022 年 1 月）

［114］https://peartherapeutics.com/（最后浏览于 2022 年 1 月）

［115］葛蓬天．春秋时期鲁国的水稻种植［J］．中国历史地理论丛，1989（2）:140.

［116］https://en.wikipedia.org/wiki/Yuan_Longping（最后浏览于 2022 年 1 月）

［117］https://en.wikipedia.org/wiki/Agricultural_biotechnology（最后浏览于 2022 年 1 月）

［118］https://en.wikipedia.org/wiki/Human_genome（最后浏览于 2022 年 1 月）

［119］Benjamens S, Dhunnoo P, B Meskó. The state of artificial intelligence-based FDA-approved medical devices and algorithms: an online database［J］. npj Digital Medicine, 2020

［120］http://www.nhc.gov.cn/xcs/s7847/201907/520f21e5ac234785bcc363a286866fb0.shtml（最后浏览于 2022 年 1 月）

［121］Volker, Schmid. Regeneration in Medusa buds and Medusae of Hydrozoa［J］. Amer Zool, 1974.

［122］https://www.science.org/doi/10.1126/science.aba3203（最后浏览于 2022 年 1 月）

［123］Gomes N, Ryder O A, Houck M L, et al. Comparative biology of mammalian telomeres: hypotheses on ancestral states and the roles of telomeres in longevity determination［J］. Aging Cell, 2011, 10（5）.

［124］Santiago-Fernández O, Osorio F G, Quesada V, et al. Development of a CRISPR/Cas9-based therapy for Hutchinson - Gilford progeria syndrome［J］. Nature medicine, 2019, 25（3）: 423-426.

［125］雷·库兹韦尔．奇点临近［M］．李庆诚，董振华，田源，译．北京：机械工业出版社，2011.

［126］http://finance.sina.com.cn/meeting/2016-11-08/doc-ifxxneua4407749.shtml（最后浏览于 2022 年 3 月）

［127］http://2045.com/（最后浏览于 2022 年 1 月）

［128］Stephen Hawking. Brief Answers to the Big Questions［M］. Bantam, 2018.

［129］李娜．伦理学家呼吁我国暂停人类胚胎基因编辑研究［J］．科技导报，2015（9）：9.

［130］https://www.nationalacademies.org/our-work/international-summit-on-human-gene-editing（最后浏览于 2022 年 1 月）

［131］凯文·凯利．失控：全人类的最终命运和结局．［M］．东西文库，译．北京：新星出版社，2011.

［132］崔光照，刘玉琳，张勋才．数据存储新方向：DNA 分子存储技术［J］．计算机工程与应用，2006（26）：29-35.

［133］Witchalls, Clint. A computer that thinks［J］. New Scientist, 2014, 224（2994）:28-29.

［134］Anders Sandberg, Nick Bostrom, Whole Brain Emulation: A Roadmap, Future of Humanity Institute, Oxford University, 2008.

［135］https://en.wikipedia.org/wiki/Human_Brain_Project（最后浏览于 2022 年 1 月）

［136］Hills G, Lau C, Wright A, et al. Modern microprocessor built from complementary carbon nanotube transistors［J］. Nature, 2019, 572（7771）:595-602.

［137］Liu L, Han J, Xu L, et al. Aligned, high-density

semiconducting carbon nanotube arrays for high-performance electronics [J] . Science, 2020, 368（6493）: 850-856.

[138] https://www.neoteo.com/bigotes-electronicos-para-que-robots-sientan-el-ambiente/（最后浏览于 2022 年 1 月）

[139] https://wyss.harvard.edu/technology/dna-data-storage/（最后浏览于 2022 年 1 月）

[140] https://en.wikipedia.org/wiki/Cyborg（最后浏览于 2022 年 1 月）

[141] https://en.wikipedia.org/wiki/Neil_Harbisson（最后浏览于 2022 年 4 月）

[142] https://www.bbc.com/news/technology-56688812（最后浏览于 2022 年 1 月）

[143] https://tech.fb.com/imagining-a-new-interface-hands-free-communication-without-saying-a-word/（最后浏览于 2022 年 1 月）

[144] https://brainco.tech/（最后浏览于 2022 年 1 月）

[145] Rosenberg, Scott. Virtual Reality Check Digital Daydreams, Cyberspace Nightmares [N] . San Francisco Examiner. 1992.

[146] Kohler, Timothy, A, et al. Greater post-Neolithic wealth disparities in Eurasia than in North America and Mesoamerica [J] . Nature, 2018, 555（Mar.1 TN.7694）:126-126.

[147] 谢宇，张晓波，李建新，等 . 中国民生发展报告 2014 [M] . 北京：北京大学出版社，2014.

[148] https://www.credit-suisse.com/about-us/en/reports-research/global-wealth-report.html.（最后浏览于 2022 年 1 月）

[149] https://en.wikipedia.org/wiki/History_of_personal_computers

（最后浏览于 2022 年 1 月）

［150］杜保瑞．庄子《天地篇》哲学义解［J］．湖南大学学报（社会科学版），2018（1）：43–49.

［151］安东尼·吉登斯．失控的世界：全球化如何重塑我们的生活［M］．周红云，译．南昌：江西人民出版社，2001.

［152］https://en.wikipedia.org/wiki/Deepfake（最后浏览于 2022 年 1 月）

［153］https://www.forbes.com/sites/thomasbrewster/2015/03/07/twitter-location-can-be-determined-through-friends/?sh=1559a8483962（最后浏览于 2022 年 1 月）

［154］https://en.wikipedia.org/wiki/Fritz_Haber（最后浏览于 2022 年 1 月）

［155］Bulluck, Pam. Gene-Edited Babies: What a Chinese Scientist Told an American Mentor［N］. The New York Times. 2019.

［156］https://www.nature.com/articles/d41586-020-01849-w（最后浏览于 2022 年 1 月）

［157］马克思．资本论：第 1 卷［M］．北京：人民出版社，1975.

［158］玛丽 – 莫尼克·罗宾．孟山都眼中的世界：转基因神话及其破产［M］．吴燕，译．上海：上海交通大学出版社，2013.

［159］蕾切尔·卡逊．寂静的春天［M］．吕瑞兰，李长生，译．长春：吉林人民出版社，1997.

［160］https://en.wikipedia.org/wiki/Ozone_depletion（最后浏览于 2022 年 4 月）

［161］Nash, Eric; Newman, Paul. NASA Confirms Arctic Ozone

Depletion Trigger. Image of the Day. NASA. 2001.

［162］程锦泉，刘少础 . 超级细菌的警示与滥用抗生素潜在公共卫生问题［J］. 中国公共卫生，2010（12）：1521–1522.

［163］刘劲松，刘维屏，巩宏平，等 . 城市生活垃圾焚烧炉周边环境空气及土壤中二噁英来源研究［J］. 环境科学学报，2010（10）：1950–1956.

［164］https://www.fmprc.gov.cn/mfa_eng/wjdt_665385/2649_665393/t1754129.shtml（最后浏览于 2022 年 1 月）

［165］爱德华·麦克诺夫·伯恩斯，菲利普·李·拉尔夫 . 世界文明史［M］. 罗纪国，陈筠，莫淘先，译 . 北京：商务印书馆，1995.

致 谢

写这本书经历了课题提出、架构形成、交流探讨、素材整理、成文与修改、样书审阅、出版发行等几个阶段。由于题目太大，又是利用业余时间，成书确实不易。但在每一个阶段，都得到了诸多同仁、朋友的帮助和鼓励，要感谢的人很多。

我首先要感谢的是京东方的同仁。本书起缘于京东方的物联网转型战略。当时一些同仁对于企业转型是有疑问的，提出了不少问题，为回答这些问题，才有这一研究课题。感谢京东方同仁对这种提问题文化的坚持，正是这种坚持，促进了大家对企业转型战略的深刻思考，进而对整个行业和人类未来的思考。也正是这种坚持，让我决心写这本书。

第二要感谢的是就本书观点与我讨论交流过的国内外专家们。通过与他们的交流，让我开阔了视野、打开了思路、产生了共鸣，增强了写出这本书的信心。特别要感谢斯图尔特·罗素、凯文·艾什顿、雷·库兹韦尔等文中提及的专家们。在此也要感谢我的朋友盖博纳（Benoit Garbe），他不仅对本书的架构提出了很好的建议，并且协助安排了一批国际顶尖科学家和学者与我访谈交流。

第三要感谢的是我研究团队的两位年轻同仁，王雨楠和张勇。他们自己都有其他工作，都是利用空余时间，帮助收集和整理相关资料，断断续续，和我一起坚持这么多年。要特别感谢王雨楠，他是一位“90”后博士，非常优秀，是我完成本书的主要助手。

从素材整理、插图绘制到文献查找，他都非常用心，做了很多工作。张勇博士在素材整理方面也做了不少工作。

最要感谢的是我的朋友方向明。他是资深的媒体人士，对科技产业情有独钟，并有深刻独到的见解。他不仅在本书素材整理、文字润色和后期出版工作中都给予我重要帮助，而且给了我很多鼓励。正是他的鼓励，让我在这七年中，每当工作太忙想放弃时，还是坚持了下来，直至成书。

还要感谢的是帮助审阅样书的各位专家。样书出来后，我请了一些专家朋友给我审阅把关，他们提出了很多专业建议，让我受益匪浅。特别要感谢的是我的良师益友施芝鸿先生，他在百忙中抽出时间，非常用心地对样书提出了非常具体的、建设性的修改意见，让我深受感动。还要感谢欧阳钟灿、吴汉民、张百哲、魏少军、路风、谢志华、韩春林、吴卫军、吴功雄、胡晓林、李轩、王京、张承良等专家，以及我的一些专家同事，他们提了很多宝贵意见，给了我诸多启发，让本书得以进一步完善。

最后要感谢我的家人，是家人的理解和支持，让我可以利用更多的业余时间进行思考和写作，并得以完成这本书。

应该感谢的人还有很多，我对所有给予帮助的人都心怀感激。正因为他们的帮助和鼓励，才让我满足了一个小小心愿——将自己多年实践中的所学、所思写成了这本书，希望能给读者带来一些思考和启发。

王东升

2022 年 4 月于北京